U0077076

產業隊長張捷致富術

瞄準**5**大錢景
挖掘趨勢飆股

張　捷◎著

contents **目錄**

Chapter 1　**趨勢篇**　從總經看行情

contents **目錄**

Chapter 5　**心法篇**　克服投資心魔

推薦序 「投資致富」關鍵的明智之舉

　　假如我進入股市的時候，有幸拜讀《產業隊長張捷致富術：瞄準 5 大錢景，挖掘趨勢飆股》一書，再從產業隊長張捷的「產業冠軍班課程」入門，那麼我可以節省十年的摸索期。

　　回顧我的股市投資生涯，前 10 年的摸索期，縱使有 3 個年度獲利超過 10 倍，依然逃不過最後的獲利歸零。痛定思痛，改採「成長趨勢之價值投資」的策略，才邁入穩健成長期。20 餘年來，8 次台灣股市重大下跌期間，我的虧損率愈降愈低，2022 年台股加權指數下跌逾 20%，我的持股淨值成長超過 50%（與張捷隊長相近）。

　　回首來路，前、後期我的策略及做法大幅改變，唯有兩件事始終如一：

　　一、每日讀報。
　　二、重壓個股。

我早期資金 50 萬元的時候這麼做，現在 5 億元也是這麼做，因為我只會做「唯一選擇」。這是個人投資的重大優勢！

2017 年 9 月，我從 10 元開始陸續買進世紀鋼（9958）5,600 張，平均成本 14 元，全數持股超過 2 年，賣出均價 65 元；2020 年 7 月，我從 13 元開始陸續買進欣陸（3703）1 萬 6,000 張，平均成本 16 元，全數持股超過 2 年，賣出均價 32 元；2022 年 8 月，我從 40 元開始陸續買進裕隆（2201）1 萬 3,000 張，平均成本 43 元，全數持股中。

這 3 筆投資的同時，我的口袋名單都超過 10 檔，經過 3 個檢查點：

一、3 年之內股價上漲 1 倍以上的潛力。
二、未來 3 年、5 年、10 年獲利能夠成長持穩。
三、危機入市。

再篩選出最有把握的一時之選！

與時俱進擁有大量兼具廣度深度研究的口袋名單，才能做出最有勝算的決定。否則巧婦難為無米之炊，一切都是空談。經

過千挑萬選，我的「唯一選擇」是送「我的至親」上產業隊長張捷的「產業冠軍班課程」作為傳承的法門。愈早正確的學習投資，成果愈豐碩，因為投資的報酬是複利，3 年成長 1 倍，10 年成長 10 倍，20 年變成 100 倍。

《產業隊長張捷致富術：瞄準 5 大錢景，挖掘趨勢飆股》完整呈現了張捷知書達禮、博學勤奮，20 年如一日成就財富的思想及智慧。

敬請讀者先從本書認識張捷，能夠欣賞、佩服、見賢思齊，再與張捷一起學習，才是「投資致富」關鍵的明智之舉。

資深投資人

林適中

贏家跟輸家的決戰點

做財經節目這麼多年,常常有人問我,想要投資獲利的關鍵是什麼?如果簡答,我的答案通常都是4個字:「買低賣高」。能夠做到買低賣高,不賺也難。但一般散戶的通病,往往是追高殺低,看到股價上漲就見獵心喜瘋狂追逐,看到股價下跌,就喪失信心驚慌殺出。

當然你一定會問,什麼是低點,什麼是高點呢?這就需要具備產業研究,跟洞悉未來趨勢的功力了。我想這也是大家買《產業隊長張捷致富術:瞄準5大錢景,挖掘趨勢飆股》這本書的原因。

贏家跟輸家的決戰點,常常就在於對於基本面,也就是產業趨勢的了解。當你看懂產業的趨勢前景,自然會超前部署,在低檔的時候勇敢買進,而當產業的趨勢發生轉折時,即使在股價高檔,你也會毫不戀棧停利賣出。所有操作的風險、價格追逐的錯誤,都在於:你並不了解。

對一般人來說，要真正了解基本面實在很不容易。在現代爆炸量的資訊中，太多訊息真真假假，資訊的落差對投資人來說，往往是陷阱，這也是產業隊長張捷一直致力提供給投資人的專業價值。就像隊長常常說的，贏在深入，勝在追蹤！說的就是他對產業的深入追蹤。因為夠深入，所以能夠提早發掘飆股 DNA，持續追蹤產業的變化，就能夠隨時修正，守住獲利！

認識張捷好多年了，我常常笑說，他有顆年輕的肝，那就盡情發揮，多給投資人帶來一些福利吧。他也真的像是拼命三郎般地研究，一年可以拜訪上百家公司，一天可以看十幾份報告。在張捷跟我創立的「夢想起飛」平台合開的課程中，每堂課動輒 200、300 頁教科書級的講義，總是成為同學們嘖嘖稱奇的討論亮點。

不只是上課時的內容準備，每一次邀請張捷來我的頻道直播，他也是提供滿滿的資料，就連平常我們私底下討論產業脈動，他一樣信手拈來傳給我看好多份的分析報告。所以聽張捷的投資分析，你會覺得很安心。因為你知道他每一個看法都是有憑有據，都是他深入研究後的心得。

這幾年股市波動很大，新冠肺炎（COVID-19）疫情帶來超

級寬鬆的貨幣政策，讓市場上出現了很多少年股神，股市新手也特別的多，常常誤以為投資很簡單，只有當奇幻漂流記結束、夢醒時分時，才發現股市根本有如戰場。

我也想告訴投資人，投資可以用簡單的法則，但這需要透過努力、學習、跟經驗，找到自己的勝利方程式，而絕對不是憑著運氣或感覺前進。在投資市場上，用好運賺回來的，總有一天會用實力賠回去。

想做好投資，你一定要先用心搞懂投資，更要先好好的投資你自己。永遠要記得，這世上最棒的投資就是投資你自己。

如果你認同基本面是投資的重要基礎，你很想了解台灣趨勢產業的變化，那你一定不能錯過張捷《產業隊長張捷致富術：瞄準5大錢景，挖掘趨勢飆股》這本書。張捷在書中清清楚楚說明產業趨勢的變化，以及他投資的關鍵心法。台上10分鐘，台下10年功，相信你仔細閱讀本書，好好消化吸收張捷的產業判斷策略，你對產業的看法一定會大不相同，功力也會大大增加。

今年是動如脫兔的一年，也是產業庫存調整循環週期的關鍵

時刻，有衰退的危機，更有復甦的轉機，此刻閱讀本書，有事半功倍的效果。祝福大家能夠跟著隊長高手的視野，看見產業趨勢的方向，成為這一波翻轉的贏家！

知名財經節目主持人

自序 產業選股，獲利必然！

我的第 1 本書《產業隊長教你看對主流產業選飆股》於 2020 年 5 月出版，而第 2 本書《產業隊長張捷致富術：瞄準 5 大錢景，挖掘趨勢飆股》孕育了 3 年，也已順利完成。

這 3 年，台股加權指數歷經 2020 年新冠肺炎（COVID-19）疫情爆發的大跌，到科技轉型的暴漲，再從 2022 年的 1 萬 8,619 點歷史高點，最低跌到 1 萬 2,629 點，慘跌了接近 6,000 點，世界有了極大變化，又即將回歸正常，展開新的旅程。而隊長認為，唯一不變，且禁得起所有風暴考驗的，其實是產業選股。

古有云，「以銅為鏡，可以正衣冠；以史為鏡，可以知興替；以人為鏡，可以明得失」。細數過往，1980 年日本企業崛起，金融、汽車、不動產等產業火紅；1990 年代美國高科技產業與網路風潮；2001 年～ 2008 年，金磚四國（巴西、俄羅斯、印度、中國）的原物料與中概股崛起；2009 年～ 2022 年的

物聯網（IoT）、5G、人工智慧（AI）等新科技，不同年代不同國家的崛起，不同的產業更迭與科技發展，孕育出不同的產業趨勢！

此外，也可以從台灣歷代股王看出產業典範的移轉，如 1987 年代台股第 1 次上萬點的資產金融，國泰人壽（現為國泰金（2882））當上股王，到 1996 年的筆電王朝，華碩（2357）、廣達（2382）當上股王，再到被動元件的禾伸堂（3026），IC 設計的威盛（2388）、聯發科（2454），手機的宏達電（2498），手機鏡頭的大立光（3008）……。

從上面這些描述中不難發現，只有不斷地與時俱進、因時制宜，找到正確的主流產業，才是投資存活與勝出的不變準則。

許多人崇尚技術分析與籌碼分點，這兩者固然是投資過程中十分重要的一環，但還是有其機率判斷的成分，用過去的資料與經驗來判斷未來，難免還是有其不足。

而股票反映的，永遠是產業跟公司的未來，例如電子標籤的元太（8069）、熱泵熱水器的高力（8996）、IP 授權的創意（3443）、力旺（3529）、國防商機的漢翔（2634）、學

名藥打入新市場的美時（1795）等 2022 年明星飆股，其實都是先了解飆股背後的故事與趨勢，趨勢才產生數字！

隊長認為，未來新興產業還有以下可供參考，例如摺疊手機、摺疊平板、潛望式鏡頭、電動車（包含電控、電池、車體、製造、組裝、自動駕駛、光達、雷達等）、雲端商機（包含邊緣運算、伺服器、軟體定義網路（SDN）等）、規格提升（包含 PCIE 5.0、WiFi 7、USB、連接線升級）、半導體（包含高階製程、設備、檢測、探針測試、IP 授權、蓋廠營建等）、網通與工業電腦（包含 400G、Tomahawk 5 等）、ESG（環境、社會、公司治理）、液冷散熱、氫能源與燃料電池、風力發電、太陽能、重電、第 3 代半導體、6G 通訊、衛星商機（包含高中低軌衛星、接收站、軟硬體、零組件）、供應鏈逆全球化、債券市場，觀光餐飲旅遊、醫美、保健食品、眼球革命、新藥、原料藥、醫材、隱形眼鏡、AI 和類神經網路、高速傳輸、ChatGPT……。

台股中小企業百花爭鳴，有花自然香，堅強的企業生命力與寶貴的人才，滋養出非常多隱形冠軍。就股票投資來說，不論是由上而下的產業分析選股，或者是由下而上透過公司拜訪、財報與競爭力分析來挖掘好股，處處留心皆學問。在股市這個

極端的世界裡，某一段時間的大賺，或是避開大賠，才是致勝的關鍵，而努力與堅持，則是必要條件。

靠著投資，累積財富與時間自由的資本；靠著投資，平衡工作與生活。努力在產業分析與基本面深入，錢自然追著你跑。

產業分析與基本面深入需要時間。時間，會給勤勉的投資人留下智慧的累積與財富的增長，給懶惰的人留下空虛與悔恨。和勤奮的人一起，不會懶惰！與積極的人同行，不會消沉！跟隊長為伍，一起充滿正能量，一起產業深耕，基本面為王，一起成長、改變、突破！

至於該怎麼起步呢？很簡單，就是多閱讀。隊長將自己一身本領寫入此書當中，除了帶你一窺正統法人的選股 SOP、教你如何拜訪公司與選擇產業之外，還揭露隊長精選的 5 個具成長潛力的產業與些許個股，以及投資心法。

相信閱讀完畢後，讀者們一定能有些許收穫。這裡隊長用傳奇基金經理人彼得・林區（Peter Lynch）的金句來勉勵大家，「投資是條漫長之路，而勤勉努力，考察公司最多的人，終將在這場遊戲中勝出！」終能創造財富與人生的高峰！

最後，想說的是，我的恩師——周姊，周秋芳女士，是我投資路上的貴人，她的電話及 Line，明知再也不會讀、不會回了，我卻無法刪除，永遠也無法刪除。常常想起她，尤其是操作股票的時候，她生前的提醒與叮嚀，「股票寧賣錯，不留錯！」「先想風險，再想進場！」

　　謹以此書，獻給隊長最敬重的師父，也借此書，獻給我在天堂的父親，獻給我敬愛的母親、最愛的老婆、支持我的家人、投資前輩、好朋友們、粉絲與同學們，以及我們家可愛的兩位小公主。

Chapter 1

趨勢篇
從總經看行情

藉由5大觀察指標 確認未來台股走勢

(1-1)

> 永遠不要孤注一擲。市場走勢不必然反映市場的本質，而是反映投資人對市場的預期。也許派對已然結束，卻依然有人翩翩起舞。
>
> ——喬治‧索羅斯（George Soros）

　　我的第 1 本財經著作《產業隊長教你看對主流產業選飆股》是於 2020 年 5 月出版，距今約 3 年時間。這 3 年對於投資人來說，除了有意外驚喜，還有意外驚嚇，心情真的是大洗三溫暖。

從高速公路變崎嶇山路，投資操作難度提高

　　回顧這段期間台股的歷史走勢（詳見圖 1）。2020 年，自

圖1 2020年～2023年台股起伏劇烈
——加權指數週線圖

註：資料統計時間為 2019.10.21 ～ 2023.01.30
資料來源：XQ 全球贏家

新冠肺炎疫情（COVID-19）爆發後，台股跟著全球金融恐慌走勢，從 3 月高點 1 萬 1,525 點跌至同月低點 8,523 點，下跌了 3,002 點。

之後在全球央行聯手救市，以及美國聯準會（Fed）無限量化寬鬆貨幣政策（QE）狂印鈔票的助力下，全球股市轉危為安，不僅美股道瓊工業平均指數（Dow Jones Industrial Average）於 2020 年年底站上 3 萬點大關，台股也一舉站

上 1 萬 4,000 點。自 2020 年年初起算，台股全年上漲逾
2,700 點、漲幅逾 22%，甚至一舉飛越 30 年跨不過的天價
門檻 1 萬 2,682 點。

2021 年，台股索性把過去的歷史高點 1 萬 2,682 點當成
底部，風光大漲 3,400 多點，其中很大一部分原因，我認為
是過去西進的資金東返，而台股也於該年年底創下 1 萬 8,291
點的歷史新高紀錄。

2022 年年初，台股上演資金行情，股價續創新高，1 月 5
日來到 1 萬 8,619 點的歷史新高點。然而物極必反、盛極必
衰，受到俄烏戰爭、美國鷹派升息及消費市場需求快速反轉、
景氣急速降溫等衝擊，台股自高處反轉向下，之後一路走跌。
雖然 7 月國安基金開始進場救市，但大盤仍持續破底。2022
年 10 月 25 日，台股下探 1 萬 2,629 低點之後雖然沒有再
創新低，卻也自 1 月高點下跌了近 6,000 點。我知道多數投
資人在這波行情中受了傷。

如果 2020 年 3 月至 2022 年 1 月之間，投資人的操盤感
受是「在高速公路上奔馳」，那麼 2022 年 1 月到 11 月之間，
投資人應該深刻感受到高速公路變成「崎嶇山路」。不只路難

行，進一步退三步，還很考驗「開車技術」，這時就是檢視投資人基本功的時候。

當操作難度變高的時候，唯有像隊長一樣，靠多年累積的產業研究及基本分析功底篩選出潛力股或隱形冠軍，降低投資風險，才能少輸為贏。至於如何選股或者應該觀察哪些投資指標，後面的章節中我會一一分享實戰經驗。

4 大主因導致 2022 年台股下跌

把時間拉回 2022 年，我認為 2022 年台股下跌有 4 大主因：一是通膨率創下 40 年來新高紀錄，美國聯準會鷹派勢力抬頭，啟動暴力升息手段，影響全球金融市場；二是 2022年 2 月俄烏戰爭爆發，連帶引發原物料大漲，對於通膨率來說，簡直是提油救火；三是俄烏戰爭牽動金融市場最敏感的地緣政治神經，中國是否比照俄烏模式趁機攻台，增加投資台股的風險與不確定性，資金撤離實屬「常規操作」；四是聯準會強勢升息快速拉抬美元強勢地位，非美元貨幣急速貶值，導致熱錢加速抽離台股。

除了這 4 大主因之外，需求不振與庫存去化速度緩慢也是

拖垮投資信心的不利因素之一，尤其個人電腦（PC）、消費性電子 2022 年下半年需求急凍，2022 年年底前庫存都未能有效去化，疫情期間重複下單導致的庫存大增情形，都讓投資人背後冷颼颼！

在此情況下，企業成本支出增加、獲利率降低，對於產業及供應鏈來說，簡直壓力山大，所以 2022 年年底為因應景氣不佳，不少產業吹起「裁員風」。比方美國的蘋果（Apple）公司，2022 年 9 月推出新機 iPhone 14 之際，已經罕見地裁員約 100 名員工，官方說法是「業務需求出現了變化」；甲骨文（Oracle）、沃爾瑪（Walmart）等大企業也先後宣布裁員計畫。

美國勞動部門數據統計，2022 年下半年受景氣影響而大裁員的產業包含科技業、零組件製造業、休閒服務業。至於 2023 年，較不穩定的產業可能包含藝術與表演娛樂業、建築業及專業與商業服務，裁員率依序約 2.98%、1.8% 及 1.56%。其他如資訊業、服務業也可能吹起裁員風。

科技業龍頭也無法倖免於難，隨著 2022 年年底 Meta（Facebook 母公司）、推特（Twitter）爆出裁員潮，亞馬遜

（Amazon）執行長安迪‧賈西（Andy Jassy）在 2023 年 1 月初也公布裁員數逾 1 萬 8,000 名員工的消息，主要單位包含電子商務和人員體驗和技術解決方案（PXT）組織；谷歌（Google）母公司 Alphabet 亦宣布將裁員 1 萬 2,000 人。這波「裁員潮」不只吹向科技業，金融業也是冷風颼颼，比方 2022 年 12 月 CNBC 報導，摩根士丹利（Morgan Stanley）將在全球裁員 2%，影響 1,600 名員工。

台灣股市屬於淺碟型市場，金融與投資環境受總經面的影響很大，如果景氣、通膨、升息、戰爭、原物料上漲等黑天鵝籠罩全球，由大看小，多數產業都會受到影響，加上台灣與美國股市連動性高，當美國聯準會鷹派強勢升息、當美元強勢走升、當前述科技業與金融業龍頭吹起裁員風時，台灣的投資市場一定會跟著「打噴嚏」。

所以，如果投資人問我：「面對總經衰退要如何操作、如何選股？」我的操作建議一如前一本著作《產業隊長教你看對主流產業選飆股》中提到的「由上而下」分析法，先從次級資料著手，再深入研究產業鏈，搭配頻繁拜訪公司或參加法說會，緊貼產業脈動，同時留意企業獲利狀況；如此，還是可以在黑天鵝罩頂的不景氣大環境下找到潛力股。只要抓對產業脈絡，

還是能搭上飆股順風車。

　　但在選擇產業和個股之前，我還是要提醒投資人多觀察前面提到的幾隻黑天鵝動向。畢竟 2023 年全球景氣與台股走勢仍然受其影響，不可不慎。我認為未來只有以下 5 大觀察指標的不確定性獲得改善、漸趨穩定甚至反轉向上，全球景氣與需求才可能真的回穩，台股才可能有更好的表現。

觀察指標 1》通膨與景氣衰退

　　新冠肺炎疫情造成供應鏈斷鏈、俄烏戰爭爆發促使國際能源價格飆漲，加上能源危機重創歐洲經濟等影響，使得全球在經歷 20 年穩定的低通膨後，突然面臨通膨率急劇上升與消費者物價指數（CPI）上揚，讓各國央行措手不及。

　　2022 年下半年起，美國聯準會強勢升息，加上各國央行積極升息因應，雖然暴力升息似乎奏效，比方美國的通膨率已放緩，但是對於全球央行來說，通膨仍然是 2023 年首要解決的大問題，物價居高不下，短期內收斂機會不高。有經濟學家預測，雖然 2023 年通膨率不會像 2022 年那般誇張，但是物價仍會持續升高，對於全球民眾及企業來說都是沉重負擔。

早在 2022 年 11 月，摩根士丹利即發布《2023 年經濟展望》報告，以「黎明前更加黑暗（Even Darker Before the Dawn）」為標題，直言：「全球經濟正在快速放緩，我們正站在衰退的邊緣。」2023 年經濟成長前景相當嚴峻，央行持續升息只是雪上加霜，國際貨幣基金組織（IMF）認為，全球約 1/3 的國家將在未來數個月內經歷經濟衰退，並指出 2023 年全球通膨率預估值為 6.6%，明顯處於 3% 的「警戒線」之上。因此，2023 年對於全球主要經濟體而言都將是考驗年。

如果 2023 年各國可以挺過能源危機、俄烏戰爭止戰，加上疫情沒有新的大流行產生，3 月起各國央行開會確認升息循環是否告一段落，屆時全球財經政策與全球經濟表現（包含股市）才可能出現曙光。

觀察指標 2》美國聯準會升息與強勢美元

美國在 2023 年 1 月發布的消費者物價指數，顯示 2022 年 12 月數值較 11 月下跌，年增率已回落到 6.5%，顯示未來美歐等市場通膨率可望在 2023 年持續放緩，使央行結束升息週期。

　　滙豐銀行預期，2023 年上半年通膨壓力可望放緩，第 2 季美國利率見頂之後，強勢升息可能暫時止步，結束強勢美元走勢；2024 年第 2 季開始有機會降息，屆時新台幣只要止貶或走升，更容易吸引國際資金挹注台股，拉抬行情。

　　對於通膨、升息、CPI 數據超級敏感的股市來說，2023 年可望先蹲後跳。我認為只要擇機、擇股進場布局，2024 年有很大的機會歡喜收割。

觀察指標 3》俄烏戰爭與地緣政治

　　2022 年全球籠罩在升息及景氣衰退的空前低潮中，俄烏戰爭更增加全球經濟下滑的壓力，戰爭除了導致歐洲能源上漲，助長通膨外，也反向吸收國際資源或金援，間接抑制了其他資本支出與經濟發展。因此，如果俄烏戰爭可以順利落幕，對於全球景氣復甦成長絕對具有極大的助益。

　　此外，俄烏戰爭也引起大家對於「中國與台灣未來局勢」的關注。根據 2022 年年底《天下雜誌》「兩千大 CEO 調查」顯示，高達 82.4% 的企業執行長（CEO）對 2023 年不表樂觀，其中「政治風險偏高」、「中美貿易戰」、「中國經濟

成長放緩」等經商環境因子更成為企業經營必須面對的挑戰。相關數據直指，台灣股市超級敏感的「地緣政治風險」（包含原物料、燃料、零件價格大漲，交期不確定性及產品出口關稅增加），對於企業來說，等同於提高經營與獲利變數，也大幅影響外資加碼台股的意願。

雖然說投資股市非關政治，但因為股價表現會受到政治因素的影響，所以投資人還是需要留意這方面的訊息，才能早一步避開敏感標的，或是做出好的操作決策。

觀察指標 4》高權值股股價走勢

台股的起落漲跌，受電子股和金融股的影響很大，尤其是高權值股，更是深深影響台股走勢。以臺灣指數公司 2022 年 12 月 30 日的資料來看，光是前 10 名權重比高的個股，其市值占大盤比重就已逾 40%（詳見表 1）。

若以權重最高（26.513%）的台積電（2330）來看，2022 年 12 月 30 日大盤收在 1 萬 4,137 點、台積電收在 448.5 元，這表示當台積電股價下跌 1 元，大盤約下跌 8.36 點（＝ 14,137×26.513%÷448.5）。回顧台積電股價從

2022 年 1 月的 688 元高點到 10 月最低 370 元，不難得知這波台股下殺有多慘烈。

如果從台股指數漲跌來看，權值股 2023 年的表現動見觀瞻，而多數權值股也是外資占比高的標的，重點是，外資動向受前述幾大總經指標（通膨、升息等）影響相當大，這就會產生骨牌效應。因此，2023 年大盤走勢與選股策略當然要納入總體經濟因素，掌握我常說的「由上而下」分析法概念，再縮小範圍篩選產業與個股，例如選擇保健食品、隱形眼鏡，就比手機或貨櫃航運趨勢來得明確。大跌過後的台股，會出現指數放兩旁，選股擺中間，對的產業、對的股票走自己的路。如此，不論大盤漲跌如何，投資股市還是能立於不敗之地。

觀察指標 5》庫存去化速度

提起「權王」台積電，投資人對半導體族群 2022 年豬羊變色的表現應該印象深刻。如果時間拉回到 2021 年，當時半導體缺貨嚴重，就連低價的 8 吋晶圓也奇貨可居，疫情及供應鏈嚴重缺貨及塞港等因素連帶讓需要 IC 組裝的網通、PC 廠等系統公司急得跳腳，因為「供不應求，嚴重缺貨」推升股價上漲。但是，2022 年年初景氣開始降溫，系統公司反而首

表1 前10大權值股市值占大盤比重逾40%
——台股加權指數成分股暨市值比重

排行	股票簡稱（股號）	個股市值占大盤比重（%）
1	台積電（2330）	26.5130
2	鴻　海（2317）	3.1573
3	聯發科（2454）	2.2789
4	中華電（2412）	1.9984
5	台塑化（6505）	1.7439
6	台達電（2308）	1.6966
7	富邦金（2881）	1.5909
8	國泰金（2882）	1.3377
9	南　亞（1303）	1.2837
10	台　塑（1301）	1.2597
合計		42.8601

註：資料統計時間為 2022.12.30
資料來源：臺灣指數公司

當其衝，庫存一季比一季高，這時，「虛胖」的需求量加上景氣進入寒冬，終於不得不面對「庫存去化速度緩慢」的殘酷現實，而庫存去化順利與否和營收具有連動性。

台灣中華經濟研究院調查顯示，2022 年起面臨庫存壓力的業者，近 7 成預期 2023 年第 2 季前獲得改善，全體製造業

有 43％ 坦承，2022 年起面臨去庫存壓力，遭受存貨跌價損失、資金斷鏈或客戶要求降價等壓力。除了製造業，研調機構 IDC 指出，2022 年全球手機市場較前 1 年下降 9.1%，2022 年第 3 季全球手機出貨量更跌破 9 年來新低，除了 Apple，全球手機大廠幾乎都在努力「打庫存」。中國小米手機在 2022 年第 3 季法說會中預期，2023 年年初庫存才可能恢復正常。紡織業等其他產業也同樣傳出「庫存去化不如預期」的聲音。

由於 PC 和手機是半導體重要接單來源，當庫存效應逐步蔓延，自然影響超微半導體（AMD）、高通（Qualcomm）等國際一線大廠的拉貨意願，最終出現晶圓代工廠產能利用率下滑、IC 設計客戶砍單等骨牌效應。就連股王大立光（3008）董事長林恩平在 2023 年 1 月的法說會上都誠實示警，指手機市場需求不樂觀，「幾乎對所有手機廠都不看好」的悲觀論調，可見慘況之一斑。因此，庫存去化快慢也會是 2023 年總經面需要觀察的指標，除了影響 2023 年企業獲利與股價表現，也會連帶影響選股策略。

整體來說，2023 年對於企業來說充滿挑戰，對於股市操作來說也是如此，不過，我還是老話一句，雖然前路難行，還是

有出路。而股票市場上，在產業與基本面上用功是許多散戶嫌麻煩、且不願意做的事，而事情挑困難的做，賺錢才會變得簡單！接下來的章節，我會從產業趨勢角度切入，幫投資人找出 2023 年值得留意的「高含金量」族群。

〈1-2〉從含金量高產業挖掘逆勢突圍投資機會

> "
>
> 只有業績好的個股才有較強的抗跌性。
>
> ——威廉・江恩（William D. Gann）
>
> "

　　20 世紀最著名的美國投資家威廉・江恩（William D. Gann）在股票及期貨市場的操作成績為人津津樂道，他認為「只有業績好的個股才有較強的抗跌性」。在大環境充滿諸多變數與挑戰的 2023 年，順著威廉・江恩的思路走，還是能在逆境中找到飆股。

　　其實，在 2022 年上半年股市風雨飄搖之際，我還在努力逆風前行，從擅長的產業研究方向爬梳隱形冠軍，因為我也相信業績好的個股有較強的抗跌性，有未來趨勢庇蔭的個股，更有機會在崩跌的股市中逆勢突圍，「鑽石不會遭到埋沒」。

　　所以，我仔細從拜訪公司、產業基本研究與趨勢分析中篩選飆股，如 2022 年 4 月底鎖定高效能運算（HPC）與矽智財（IP）產業的創意（3443）、世芯 -KY（3661）；5 月中鎖定國機國造與營建的漢翔（2634）、宏盛（2534）；6 月初鎖定液冷散熱及熱泵產業的高力（8996）、雙鴻（3324）；6 月底鎖定矽晶圓及晶圓再生產業的中美晶（5483）、昇陽半導體（8028）及中砂（1560）；7 月中鎖定生技隱形冠軍美時（1795）、寶齡富錦（1760）、智擎（4162）；8 月初鎖定第 3 代半導體的漢磊（3707）、太極（4934）、廣運（6125）等（詳見表 1）。

　　在大盤直直落的情況下，前面提到的個股都有逆勢表現，創意、漢翔、宏盛、高力、寶齡富錦、美時等個股，股價甚至還創新高！雖然 2022 年第 1 季因措手不及小有受傷，第 2 季開始靠著這幾檔逆勢飆股之助，讓我的 2022 年整體操作績效還是繳出相對亮眼的成績單。

　　如果投資人問我：2023 年的投資機會在哪裡？我認為可以鎖定「網通、ESG 綠能、電動車與新能源車、半導體高階製程、生技醫療」這 5 大含金量高的產業，以及它們相關的次產業。下面，先幫大家簡單介紹一下相關概念，後面 Chapter 4 會

有更詳盡的介紹。

產業 1》網通

　　網通產業包含了「網路」與「通訊」兩大領域。根據思科（Cisco）全球雲端指數報告顯示，2016 年至 2021 年全球數據中心流量每年增幅約 3.3ZB（1ZB 約為 1 兆 GB），年複合成長率達 25%。

　　其實大家觀察身邊情況就能發現，隨著數位世代來臨，不但電腦、手機的記憶體比以前大上數百倍，需要在雲端備份的資料也愈來愈龐大，像是許多人常用的 YouTube，1 天上傳影片長度可能達 72 萬小時、網飛（Netflix）影片數量多到看不完。

　　這些海量通訊軟體訊息加上未來企業上雲（註 1）、物聯網（IoT）、人工智慧（AI）、邊緣運算（Edge Computing）、車聯網（V2X）及自動駕駛等運用，都需要存放、運算資料，因此，大型雲端服務供應商（CSP）業者，如亞馬遜

註 1：「企業上雲」指企業以網際網路為基礎進行信息化基礎設施、管理、業務等方面應用，並透過網際網路與雲計算手段連接社會化資源、共享服務及能力的過程。

表1 **儘管2022年股市不佳，仍有多檔個股上漲**
——張捷2022年關注產業與個股

2022年關注月份	關注產業	關注個股
4月底	高效能運算（HPC）與矽智財（IP）	創意（3443）、世芯-KY（3661）
5月中	國機國造與營建	漢翔（2634）、宏盛（2534）
6月初	液冷散熱及熱泵	高力（8996）、雙鴻（3324）
6月底	矽晶圓及晶圓再生	中美晶（5483）、昇陽半導體（8028）、中砂（1560）
7月中	生技隱形冠軍	智擎（4162）、美時（1795）、寶齡富錦（1760）
8月初	第3代半導體	漢磊（3707）、太極（4934）、廣運（6125）
8月	工業電腦產業展望	廣積（8050）、立端（6245）、樺漢（6414）
9月	網通產業展望	啟碁（6285）、智邦（2345）
10月	半導體檢測產業	閎康（3587）、宜特（3289）
	伺服器產業	健策（3653）、勤誠（8210）、嘉澤（3533）、技嘉（2376）
11月	半導體隱形冠軍	上品（4770）
12月	保健食品與隱形眼鏡	葡萄王（1707）、大江（8436）、晶碩（6491）、視陽（6782）

註：紅色字體為關注後半年內股價創高的個股

（Amazon）、微軟（Microsoft）、谷歌（Google）等科技龍頭無不全力擴張資料中心，光是 2016 年至 2021 年超大型資料中心數量，就由 338 座成長到 628 座。

　　資策會產業情報研究所（MIC）預測，台灣伺服器產業受惠於雲端服務商建造超大型資料中心腳步不歇，2022 年出貨約達 1,136 萬台，成長約 9.4%。研調機構 DIGITIMES Research 則預估，至 2025 年，伺服器出貨量將達 2,210 萬台，年複合成長率為 6.8%，這股強勁需求成為伺服器產業在 2022 年逆風之下仍屹立不搖的定心丸。

　　另一方面，雖然 2022 年全球股市動盪不安，但觀察美國科技龍頭超微半導體（AMD）2022 年第 3 季、第 4 季財報可發現，資料中心部門的營收都持續增長，顯見網通產業後勢可期。觀察台灣伺服器相關業者，如健策（3653）、嘉澤（3533）、智邦（2345）等，2022 年 9 月營收都創新高，2022 年整年表現相對亮眼，可見雲端伺服器與網通商機主流地位不變，2023 年仍具有不容小覷的發展潛力。

　　網通產業成長有 2 個主要原因 —— 資料流量增加及取得晶圓產能，分析如下：

圖1 全球行動數據總流量不斷增長
——全球行動數據總流量

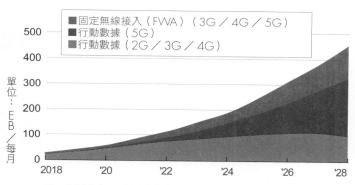

註：2022 年～ 2028 年為預測值
資料來源：愛立信

①資料流量增加

　　全球 5G 設備商巨擘愛立信（Ericsson）在 2022 年報告中表示，全球行動數據總流量（不包括固定無線接入（FWA）產生的流量），2018 年約為 22 EB（1 EB 約為 10 億 7,000 萬 GB），預計到 2022 年年底將達到每月 90 EB 左右，到 2028 年預計將增長近 4 倍，達到每月 325 EB（詳見圖 1）；全球行動數據總流量（包括 FWA 在內的流量），2018 年約為 27 EB，預計到 2022 年年底將達到每月 115 EB 左右，

到 2028 年年底將達到每月 453 EB。顯見資訊流量不論是在過去或是未來，都將持續增加。

②取得晶圓產能

從 2022 年 5 月開始，二線晶圓大廠，如世界（5347）、聯電（2303）、力積電（6770）等都提到，驅動 IC（DDI）晶片廠紛紛砍單、減少出貨，對於庫存過高有疑慮。但這對少量多樣的網通廠商來說卻未必是壞事，因為晶圓廠產能支援，反而使網通廠的料況獲得紓解。

以台灣最大網通廠啟碁（6285）來說，因為到廠晶片增多，訂單達交率提升，北美電信商客戶下半年放量拉貨，因此訂單能見度已達 2023 年第 2 季；越南廠稼動率回穩，材料成本得以轉嫁客戶，2023 年下半年毛利率回溫可期，營運可望逐季走揚。

此外，隨著 5G 甚至 6G 的加速發展，網通與資通訊技術提升，甚至元宇宙的逐步落地，WiFi 5 ～ WiFi 6、光進銅退（指將網路線從既有的銅纜，汰換成光纖）、衛星聯網族群也會是主流明星，投資人可以期待相關族群的未來獲利表現，如智邦、智易（3596）。

產業 2》ESG 綠能

氣候變遷對人類造成嚴重威脅，各國陸續宣示「2050 淨零排放」目標，並展開行動，台灣政府也提出「2050 淨零轉型目標」。氣候能源智庫 Ember 資料顯示，2022 年全球有近 3 成的電力是來自於綠色能源，隨著全球環保意識抬頭，愈來愈多國家走向「能源轉型」，擁抱太陽能、風力能、生質能等再生能源。

台灣產業綠色轉型腳步也愈來愈快，尤其台積電（2330）、鴻海（2317）等大型企業多為國際指標性大廠如蘋果（Apple）、特斯拉（Tesla）的綠色供應鏈成員，因此全球化速度更快。

也因為能源轉型，電動車及相關供應鏈也成為當紅炸子雞，加上自駕車等車聯網快速發展，更激發與綠能有關的軟硬體與基礎建設需求，帶動新一波綠能經濟成長，與 ESG（註 2）綠能相關的產業及供應鏈身價水漲船高。

註 2：ESG 是環境保護（Environmental）、社會責任（Social）以及公司治理（Governance）的字母縮寫，是一種新型態評估企業的數據與指標。

從產業發展與需求面來看，投資人可以從上中下游找出與綠電相關的標的，像是投資人可從太陽能、風電、能源、儲能，甚至鋰電池等關鍵字篩選強勢股，比方高力與中興電（1513）在 2022 年表現就相對剽悍，甚至股價屢創新高。

除了前述提到的太陽能、風電等等，綠能概念股還包含重電股。隨著台電在 2022 年 9 月宣布啟動「強化電網韌性建設計畫」，未來 10 年將投入 5,645 億元把集中式電網改為分散式電網，2023 年題材開始發酵，華城（1519）、大同（2371）、亞力（1514）、士電（1503）、中興電等重電股都有進補的機會。

產業 3》電動車與新能源車

與能源轉型及「2050 淨零排放」目標具有高連動性的電動車與新能源車，也是不可忽視的趨勢主流。研究機構 LMC Automotive 和網站 EV-Volumes 研究顯示，純電動車（BEV）2022 年全球銷量年增率高達 68%，約 780 萬輛。其中，電動車在中國和歐洲市場的滲透率逐步擴增，純電動車占歐洲汽車總銷量的 11%，中國更高達 19%，至於美國的電動車滲透率則偏低。

　　雖然特斯拉仍然是全球最大的電動車製造商，但後來跟進的傳統汽車製造商正在壓縮特斯拉的領先優勢，而最強勁的對手中國比亞迪後來居上，不僅在 2022 年上半年的中國市場超越特斯拉，更積極進軍歐美日等汽車大國，未來各家排名如何自有一番廝殺。

　　不過，近年來各國不再專注於純電動車或插電式混合動力車（PHEV）等車輛技術，而是開始關注氫燃料電池車（FCEV），因為 FCEV 可以彌補前兩者充電時間長、電池能量密度不足等缺點。因此，只要確認產業方向與成長力道，相關產業鏈中一定能篩選出質優的個股，尤其綠能股與科技類股相比，沒有庫存壓力，只有時間與達標壓力，只要跟對趨勢，就能順勢起飛。

產業 4》半導體高階製程

　　經濟部統計處指出，5G、物聯網、車用電子等應用晶片近年來需求強勁，半導體業者積極擴廠以增加產能，台灣半導體設備產值自 2012 年逐年成長，2021 年已突破千億元，達1,186 億元，年增 33.6%。隨著全球半導體大廠持續在台投資高階製程，與其相關的供應鏈在地化群聚效應逐漸發酵，雖然全球經濟動能於 2022 年下半年明顯趨緩，有半導體業者

調整或延後部分投資計畫，但如果 2023 年上半年庫存去化順利，下半年表現仍可期待。

從趨勢面來看，政府積極打造台灣成為「高科技研發」、「亞洲高階製造」、「半導體先進製程」及「綠能發展」4 大中心，同時推動「高階製造中心」、「半導體先進製程中心」計畫，有利於滿足高階製造技術研發與晶圓製程技術需求，加上台灣有獨步全球的半導體產業優勢，未來成長可期。

而說到半導體，就不得不提台灣的護國神山台積電。2022 年台積電的資本支出約為 363 億美元，而管理層預估 2023 年資本支出約為 320 億美元～ 360 億美元，預期 70% 將用於先進製程、20% 用於特殊製程、10% 將用於先進封裝、光罩等。

台積電過去追求全球化布局，如今為安全戰略考量轉為區域化。全球分散供應鏈的逆轉，美國、日本、歐洲及中國等各國政府都歡迎廠商前往當地設廠，一個全球化、有效率供應系統時代已經過去，全球化轉變為區域化。

2022 年，台積電在全球蓋 6 座晶圓廠，分別如下（詳見

表2 隨著全球產業區域化，台積電也在各國建廠
——台積電蓋廠計畫

名稱	製程	地點	預計蓋廠時間
Fab 23	N28	日本熊本	2022年～2024年
Fab 20	N28	台灣竹科寶山	
Fab 22	N7（暫停擴產）、N28	台灣高雄	
Fab 18	N3	台灣南科	
Fab 16	N28	中國南京	
亞利桑那廠	N4、N5、N3	美國亞利桑那州	
德國（市場傳聞）	N28	德國德勒斯登	2023年～2025年

表2）：

①日本熊本 Fab 23 廠，2022 年 4 月動工，預計 2024 年投產。

②台灣竹科寶山 N28 Fab 20 廠，2022 年 4 月陸續啟動土地租賃程序。

③台灣高雄 Fab 22 廠。2021 年 11 月台積電宣布將在高雄建立生產 N7 及 N28 製程的 12 吋晶圓廠，預計 2022 年開始動工，2024 年量產。不過現在 N7 擴產暫停，但 N28

持續。

　　④台灣南科 Fab 18 廠 N3，將邁入量產以及後續擴充。

　　⑤中國南京 Fab 16 廠的成熟製程擴充，才剛獲得美國 1 年的准許。台積電規畫在中國南京廠建置月產 4 萬片的 28 奈米產能，新產能自 2022 年下半年開始逐步開出，預計 2023 年年中達到月產 4 萬片規模。

　　⑥美國亞利桑那廠第 1 期工程預計 2024 年生產 4 奈米，2026 年開始生產 3 奈米，完工後年產能合計超過 60 萬片。

　　2023 年，台積電預計將有 5 ～ 6 個廠要蓋。且市場也傳出，台積電將宣布在德國建廠計畫，目前規畫為 N28 ／ N22 製程，但台積電尚未回應。台積電建廠的決定仍取決於一些因素，包括當地政府提供的誘因和支持，及當地供應商對於興建晶片相關基礎設施和發展供應鏈的承諾。

　　而台積電全球設廠，將帶動什麼公司好上好幾年？答案是上品（4770）。上品成立於 1981 年，於 2021 年 12 月申請上市，為各項氟素樹脂（俗稱鐵氟龍）之應用廠商，生產各種氟素樹脂加工設備、管件、板材，用於提供高溫或腐蝕性化學液之儲存、混煉、純化、輸送等功能之設備及材料，應用於半導體、光電、石化、能源等產業。上品的主要生產據點為彰

化及中國嘉興，銷售地區別主要為台灣及中國，近來積極拓展美洲市場。

　　上品的產品可分為「內襯設備」、「應用材料」及「系統工程」3 大類，其中以內襯設備為主要產品。近幾年台灣、中國、美國因應半導體大擴廠，使得半導體電子級化學品「槽車」與「槽車高階內襯」供應商，過去 1 年需求增加數倍到數十倍，上品也因此受惠。

　　就市場地位來看，上品為台灣半導體龍頭廠商、精密化學品輸美的主要供應商，於產業供應鏈上位於寡占的地位。從上游原料到上品的產品，處處是「挑戰」，是供應鏈中有極高進入障礙的關鍵隱形冠軍。上品除享有高達 40% 以上的高毛利外，技術難度高、獲利成長性大，海外產能造成的巨大增幅更是持續很多年。

　　站高一點，看遠一點，投資人除了全面考量上品訂單已經滿載的現況，也能放眼未來，從德國、美國、日本、台灣的擴廠（忽略中國不計）、台積電的扶持、企業本身寡占中看出優勢。此外，更可以從戰略物資角度，全球搶占高階晶圓製程、美國晶片法案產業趨勢下的大爆發公司。

　　回到投資布局，我常說「含淚播種的，必歡呼收割」，股市投資是一場馬拉松，如果長期產業趨勢不變，在別人恐懼時貪婪進場，提前布局，才有機會在未來享受豐厚的報償。

　　另一方面，半導體族群在 2022 年下半年因為美國晶片法案、中美新一輪貿易戰，加上終端需求轉弱以及庫存去化等打擊，股價修正幅度相當大。然而，與高階半導體製程連動性高的個股表現早已止跌回穩，像是台積電的股價在 2023 年 1 月已回到 500 元價位，IP 族群也都有相對抗跌的表現，因此，未來仍可留意高階半導體製程相關族群的後續表現。

產業 5》生技醫療

　　2022 年經濟情勢大變，俄烏戰爭、通膨陰影揮之不去，美國聯準會（Fed）升息、世界經濟下修，各種壞消息滿天飛，而台股 2022 年上下震盪近 6,000 點也是近幾年所未見。在電子股短中期仍有疑慮的大環境之下，資金轉移至生技族群的趨勢明顯可見。

　　愛美、怕死、求健康是人類天性，經濟再怎麼衰退，看病吃藥仍是剛性需求，更何況，生技產業可以細分成：原料藥、新

藥、學名藥、醫美、醫材、檢測、疫苗、免疫療法、醫療通路等次產業，因此，就長期趨勢來看，生技醫療族群仍然非常值得投資人傾心關注與研究。

台灣生技業整體獲利自 2018 年創高以來仍維持增長趨勢，2021 年雖然因為防疫股獲利驟降，導致整體獲利較 2020 年衰退達 9%，2022 年整體獲利成長仍達 20% 至 25%，再度創高，而且 2022 年產業獲利約為前波生技熱潮高峰 2015 年時的 2 倍之多。因此，隊長認為，台灣的生技公司，不僅沒有泡沫化，反而有許多公司仍具備極佳的投資價值，值得我們發掘，如 2022 年股價逆勢創高的寶齡富錦、美時，或者表現相對亮眼的葡萄王（1707）、大江（8436）。

此外，隱形眼鏡也是可關注的重點之一。數位時代，3C 產品日益普及，滑手機、看平板成為日常，卻也導致民眾普遍視力衰退。根據國際近視研究學會（IMI）研究，2020 年全球有超過 3 成人口罹患近視，預計到 2050 年這個數字會成長至 5 成。

近視人口增加，除了配戴眼鏡外，人們也因為方便或愛美選擇戴隱形眼鏡，催生隱形眼鏡商機。台灣隱形眼鏡以外銷為

主，2021 年出口更創歷史新高，業者不斷積極研發，贏占特殊功能與材質利基市場。

　　隱形眼鏡有「彩片（即彩色隱形眼鏡）」與「矽水膠」兩大趨勢，也分別牽動出晶碩（6491）、視陽（6782）2 檔股票可以深入研究。

4 類次產業，投資人也可多加留意

　　介紹到這，相信大家對於「網通、ESG 綠能、電動車與新能源車、半導體高階製程、生技醫療」這 5 大產業都有一定的了解。而 2023 年除了關注前面 5 個含金量高的產業之外，也可留意相關的次產業明星。好比追劇嗑 CP，除了男女主角主 CP，還有不少配角副 CP 演技在線，值得追星。

　　以前面提到的雲端網通商機與產業發展來說，當確定雲端伺服器是「正確道路」中的目的地之一，還可以順著找出次產業，透過基本面深入研究「同場加映」，選對其他次產業公司。

　　舉例來說，當我們找出台股中受惠於雲端商機的主要產業伺服器代工後，可以梳理出其他 4 個次產業：高速傳輸晶片、

遠端管理晶片、液冷散熱及伺服器印刷電路板（PCB）。

而就高速傳輸晶片來說，當中藏有許多表現亮眼的個股，像是替谷歌、Meta、微軟、亞馬遜等雲端大廠代工的供應鏈業者：緯穎（6669）、廣達（2382）子公司雲達科技（QCT）；其他伺服器代工廠：英業達（2356）、鴻海等。

科技龍頭大廠英特爾（Intel）2023 年年初宣布推出第 4 代 Intel Xeon 可擴充處理器（代號為 Sapphire Rapids）等新品，為 AI、雲端、網路、邊緣運算、超級電腦等提供各式新功能，在台灣已採用第 4 代 Intel Xeon 可擴充處理器的客戶與合作廠商，包含凌華（6166）、研華（2395）、營邦（3693）、仁寶（2324）、技嘉（2376）、英業達、和碩（4938）及緯穎等。

同理，次產業遠端管理晶片中也可以找到信驊（5274）、液冷散熱的高力、伺服器 PCB 的博智（8155）、金像電（2368）等優質標的。

前文提到的個股，其中幾檔都是我在 2019 年前後篩選出的優質公司，都有極佳的股價表現，如信驊股價於 2019 年

圖2 **信驊2022年年初股價創歷史新高**
——信驊（5274）日線圖

註：資料統計時間為 2018.05.17 ～ 2022.01.26
資料來源：XQ 全球贏家

站上千元大關、博智在 2020 年股價突破 2018 年高點，甚至當中有不少個股在風雨飄搖的 2022 年，股價都逆勢走揚或持續創高，如信驊在 2022 年 1 月初股價創下 3,675 元的歷史新高（詳見圖 2）。所以，只要看對產業趨勢，搭配個股基本面、技術面與籌碼面表現，不難發掘好公司。

⬡ 學習正確股市應對方法
1-3 隨時都能擇機進場

> 股票永遠不會高到不能開始買進，也永遠不會低
> 到不能開始賣出。
>
> ——安德烈・科斯托蘭尼（André Kostolany）

　　2022 年台股從年初的萬八到 10 月底的萬二，與前 2 年股價一路狂飆相比，可説是慘不忍睹！雖然 2022 年 11 月上演近 2,000 點的反彈行情，但截至 12 月 30 日，台股加權指數收在 1 萬 4,137 點，全年下跌超過 4,000 點，創史上第 2 高的單年跌點紀錄，跌幅逾 20% 也寫下史上第 7 大紀錄。

　　面對風雨飄搖的股市，2023 年何時適合進場呢？我認為回答這個問題前，應該先聊聊面對股市波動時的操作心法，先考慮風險，再談如何致勝。

　　金融巨鱷喬治・索羅斯（George Soros）曾說，「身在市場，你得準備忍受痛苦。」尤其是面對下跌行情最考驗人性。從 2020 年新冠肺炎（COVID-19）疫情發生之後的 3 月底開始，股市一路多頭，投資人大多有賺到錢，不知不覺產生「賺錢很容易」的假象，也逐漸對市場風險失去警覺。

　　沒想到 2022 年一夕之間豬羊變色，股市回檔劇烈，讓許多人重新體會到什麼叫「股市波動」。面對股市大跌，很多投資人會失了分寸。面對股市大跌，心痛是在所難免，但在這裡可以和大家分享一下，我自己覺得不錯的應對方法：

方法 1》若追高，必須第一時間停損或減碼

　　首先要釐清自己買股的點位與原因，還有相對位階。很多散戶投資人買進時可能純粹靠感覺，或者看到某檔股票上漲就忍不住參一腳。此時若遇到股票漲不上去或大盤整體偏弱，就得提高警覺了。若發現股票漲勢不如預期，那麼我們該看的，是這檔股票是否有足夠的基本面做支撐，例如是否有夠低的本益比、夠高的殖利率，或者營收獲利表現亮眼、產業前景深具潛力等等。若前述幾點都乏善可陳，就必須要有壯士斷腕的心理準備。

再來是透過技術分析，視股票狀況抓均線、趨勢線或前波低點當作支撐，若跌破自己設定的點位，必須立馬停損。否則，缺乏基本面與成長動能的股票加上不幸遇到市場空頭，一旦拉回修正恐怕波動都非常劇烈。

舉例來說，假設有一檔自己不甚了解但光聽消息就下單的股票，買進價是 150 元，前波低點是 135 元，月線或是季線是 140 元。若買入後個股表現、大盤都不如預期，甚至有系統性風險的隱憂，就必須要有停損點設在 135 元～ 140 元的準備，若真跌破就當斷則斷。

最怕的是股票跌到 100 元左右不知道該不該賣，落入「持有怕繼續下跌，賣掉怕跌深反彈」的窘境，最後很多人就乾脆不做決定了，進而轉成鴕鳥心態：「啊這股票基本面不錯啦！」「這股票應該有機會漲回來啦！」「啊我就放著啦！」許多散戶投資人手中滿滿套牢股票，還安慰自己說是長期投資，其實都是被逼迫的。

所以，提醒投資人，「漲時重勢，跌時重質」。漲的時候是溫度計，誰熱門誰漲；跌的時候是體重計，孰輕孰重，秤斤論兩無所遁形！漲的時候要看股票的氣勢、產業別，主流與否

很重要;當然,如果有能力評估個股價值與本益比就更好了。跌時重本質,想清楚殖利率、淨利率還有股票的根本價值在哪裡,再決定去留!

方法 2》基本面佳股票可持有,但需追蹤

我發現有很多投資人相當用功,會想辦法了解股票的發展前景與成長動能。若股票本身基本面佳,且買進點位是在本益比低或殖利率偏高的狀況下,可以考慮不同的做法。投資這類股票的操作步驟如下:

步驟 1》買進時,鎖定高殖利率股票

最好的狀況就是買進的時間點伴隨著高殖利率,此時若遇到空頭,也有基本配息作為保護。譬如 1,000 萬元買進殖利率 6% 的股票,若不幸遇到系統性風險,那麼不管股價跌到哪裡,在配息沒變的情況下,下一年度都還有 60 萬元的現金可領取,應該可以維持基本的生活品質。

步驟 2》持續檢視基本面與未來成長性

殖利率並非萬靈丹,有殖利率保護的同時也要檢視股票的基本面與未來成長性;否則,賺了息值賠了價差的案例比比皆是。

例如 2021 年配 12 元現金股息的防疫概念股恆大（1325），股價從 200 元下跌到 37 元才止跌。只看殖利率，跌到 120 元時買進的恆大都還有 10% 殖利率，可是賠了 6、7 成本金，怎麼划得來？

步驟 3》下跌時若基本面仍佳，不急著砍單

如果手中股票基本面堅實，營收、獲利照預期發展，那麼投資人不須恐慌性賣股，因為好股票受到系統性風險影響而被錯殺，有時反而會出現買點。好比台積電（2330）在新冠肺炎疫情爆發初期被錯殺到 230 元左右，此時若砍單，未來回頭看可能發現自己砍在阿呆谷，之後股價一路上漲追不回就只有扼腕的份。

方法 3》持股與現金配置宜在合理水位

照著上述方式操作，股票或砍或留，除了對基本面的充分認知外，持股水位也至關重要。假設重倉壓入，又遇到系統性風險，一般人的心理壓力很大，常無法承受，因此容易做出錯誤決策。

至於什麼是合理的持股水位？這部分看法分歧。譬如有學者

提出，可以用 100 減去投資者目前的年齡來做參考。假設投資者目前是 50 歲，應持有 50%（＝ 100 － 50）的股票、50% 的現金比較適宜。此方法的精神在於，隨著年歲增長，投資於風險性資產的比率應該慢慢下降，屬於普羅大眾適用的穩健理財方式。

　　除了上述考量點，也應考慮投資人的不同個性、習慣。我認為最好的判斷指標是：能否吃得下飯，睡得好覺。若遇到系統性風險，晚上一直提心吊膽盯著美股，心神不寧、寢食難安，顯然就不是適當的持股比率了。投資的目的本來就是為了提升生活品質，若投資本身影響到原本的生活，那又何苦來哉？反之，若空頭來臨，虧損的範圍都能接受且能泰然自若地面對，那麼不論未來股票是賣出還是保留，甚至伺機加碼，都是在相對冷靜的情況下做決定，勝率自然也就提高了。

　　亞洲富豪李嘉誠曾說：「不疾而速。」很多事情你早就知道會發生，很多事情你早該做準備，當一切都做好後，事情就能很順利地往預期的方向發展。套用在投資上，難道不是投資人在做買進決策前，就應該多方考量，而且想辦法避免虧損嗎？所以隊長說，所有的工作都發生在準備，奇蹟才會發生在完成！比方應該事先思考公司發展如何、目前價位是否夠便宜、

是否有足夠殖利率保護、若發生系統性風險該怎麼做、應配置多少資金等等，應該是通盤考慮後再決定買進與否。如果真能在買股前確實思考這些面向，爾後無論發生什麼事都能從容應對。當良好習慣養成後，自然投資路上就會愈來愈順利了。

少賠就是賺，且不論多空都應評估投資風險

所以，回答前面的問題：「現在可以買股嗎？」如果前述良好習慣已經養成或準備功夫充足，加上找到主流標的擇機進場，我認為「日日是好日」。當然，2023 年因為總體經濟與產業面環境如前章所述，與疫後 2 年相比不可同日而語，一如我跟投資朋友分享的觀點：在高速公路上或崎嶇山路上開車，技巧不同，要留意的點也不同，但是不論如何，我的觀點不變：少賠大錢就是賺到，風險評估與停損觀念不論在多頭還是空頭市場中都要有。

只不過，一如走過的 2022 年，在不確定因素與相對不利因素尚未消除前，建議投資人可以視個人對風險的耐受度高低、閒置資金持有部位，甚至年齡高低決定操作策略。

2022 年的震撼教育讓全球投資人發現，股六債四的操作原

則似乎已經不適用，因為股債齊跌，加上全球央行強勢升息，結果大家發現：現金最實在，所以定存這個過去常被認為不夠靈活，甚至有點笨的理財方式，又再度受到青睞。不過，只要選股正確，一開始就慎選產業，做好源頭管理，而且盡量用閒錢投資，不在恐慌時亂砍股票，受情緒影響而衝動買股，多年投資經驗告訴我，投資優質公司，讓公司獲利幫我賺錢，仍然是報酬率相對高的選項。

有句老話說，「風雨生信心」，只要是花了時間研究、長期追蹤甚至勤於拜訪公司後放進口袋的投資名單，通常我都會「愛我所選」，不敢說一輩子不變心，畢竟產業趨勢有順風逆風，景氣有好有壞，但是我通常會在設定好的短中長線獲利目標中動態調整持股，萬一跌破眼鏡或馬有失蹄，我也會停損出場或換股操作。投資最怕猶疑不動，心中無定見，決定之後就下好離手，但下手之前一定要謹慎思考，完整地把分析、決策、記錄 3 個標準動作落實。

說起來簡單，做起來還是難免陷入人性的考驗。回想 2021 年 3 月股災，那時我頗為看好聚鼎（6224），買入成本約 120 元～ 125 元，4 月的時候信誓旦旦說要長放到 6 月，沒想到後來股價不漲反跌，5 月 4 日（圖 1 紅框）先是跌破前

圖1 **2021年股災時，聚鼎急跌又急漲**
──聚鼎（6224）日線圖

2021年5月4日跌破
前波低點114元

註：資料統計時間為 2020.12.18 ～ 2021.07.05
資料來源：XQ 全球贏家

波低點 114 元（圖 1 水平線）。之後又因為台灣本土疫情發燒，股價一路走跌，5 月 17 日最低來到 92.7 元。如果投資人在 5 月 4 日或 5 月 17 日停損出場，後來會搥心肝，因為當時很快又走回多頭行情，聚鼎股價在 6 月就又漲回來了。

歷史總是不斷重演，尤其是在你我身上。投資獲利與否的關鍵有時候只在一念之間，就是我常說的「心魔」，買賣之間總是不斷出現「一念天堂，一念地獄」的內心戲，有時我也不例

外。但是，在不斷地自我修練與成長中，我真實體會到：研究股票首重基本面與產業趨勢面，有深入研究才會有中心思想，才會有目標價與合理預估，面對漲跌時心中也比較有想法。

反觀一般散戶在面對漲跌之時只有驚慌、恐懼與貪婪，沒有「冷靜思考」這4個字。其實，股價有漲有跌，有大漲，更有大跌，問題是跌下來的時候你敢不敢勇敢加碼？跌下來的時候你有沒有斷捨離停損？跌下來的時候你是不是理智斷線，但是恐慌無上限？

還有，很多人會後悔自己的投資選擇，不是賣太早就是買太晚。可我認為，不管結果如何，都不要後悔每一個決定，因為你後悔不完。但這不表示可以將此事輕輕放下，還是要記取教訓，不要讓同一顆石頭絆倒你2次！

一如「80/20法則」，股市中投資獲利的只有少數的20%，其他80%的投資人常常與獲利失之交臂。我的觀察是：當斷不斷，反受其亂。要撐就真的撐，股價跌下來時候還要敢買；守紀律就真的守紀律，並且要執行到底。不要一下出現特例，一下出現破例；一下果斷，一下優柔寡斷，否則追高殺低的戲碼只會不斷重演！

避免賭徒心態，賠錢時先不要急著賺回來

在這邊我還是要提醒投資人：股市如同戰場，勝敗乃兵家常事。但為何多數投資人在股市裡賠錢的經驗總是居多？其實，股市是個考驗人性的道場，要在這個修羅場勝出，首先要練就一身逆反人性的心法，也就是「順產業趨勢，逆群眾心理」。

還有，賠錢不要急著賺回來。逝去的親人無法復生，變心的男女朋友猶如破鏡，即使重圓也無法掩飾滿是裂痕的鏡面，錯過了就再也回不去了！不過，在股市中，賠掉的錢卻可以用專業知識跟操作拿回來。錯過這次行情，還有下一波行情。因此，虧損不可怕，可怕的是沒有本事把失去的要回來。

投資大師科斯托蘭尼當年輸錢後，是靠擔任業務員賺來的錢東山再起的。許多贏家當年輸錢以後也是靠實力再累積，積小勝到大勝，最後東山再起。所以，「賠錢不要急著賺回來」，調整好思維、心態、專業度再出發！千萬不要不知不覺掉進輸錢賭大、愈賭愈大的深淵，而且讓決策品質愈來愈差，如同無頭蒼蠅在火堆旁亂竄，一不小心就會引火自焚。也不要想著「馬上把輸掉的錢再賺回來」，這是賭徒邪念，透過本能與衝動做投資決策一如賭徒靠運氣求勝，十賭九輸。

　　所有的贏家都會輸錢，輸錢不可怕，股神也會輸錢，唯一正道就是靜下心來，好好學習正確的方法。馬步走穩，穩中再求勝，好好想想為什麼做錯，靜下心來細細思考下一步該怎麼做。當你手頭上沒什麼部位，或是部位降低，減碼減倉，減壓力，心情自然就會冷靜，看法自然就會客觀，也就能理性地去掌握下一波機會。冷靜了，決策品質就提升了，勝率也就有可能提高。只要提升自己大賺的可能性，調整操作節奏，掌握好買賣拐點，終將在股市裡勝出，賺到應得的財富！

Chapter 2

策略篇
打底選股功力

2-1 掌握6訣竅挑潛力股 未來增值空間大又能抗跌

> ❝
> 我一向不關心大盤漲跌，我只關心有沒有符合我投資標準的公司。
>
> ——吉姆・羅傑斯（Jim Rogers）
> ❞

　　我常說：「無法創造趨勢，只能順應盤勢。」股票操作就像是開車，有時候是開高速公路，有時候是開山路；有時能夠直線加速通行無阻，有時一路上曲曲折折。像是 2021 年的行情，指數一路看好創新高，宛如直線加速；油門踩下去，衝就對了，這時候一路通行無阻，獲利滿滿。

　　但到了 2022 年，市場增加了很多變數，像是俄烏戰爭、通膨等，這時候操作股票比較像是開山路，曲曲折折，一追高就套牢，一殺低就反彈。所以 2022 年操作股市要更多耐

心，大跌時拉回找支撐再進場，大漲時記得減碼或出清，把獲利收進口袋；也就是大跌站買方，大漲站賣方。也因為 2022 年不像前幾年有無限量化寬鬆貨幣（QE）政策撐腰，所以對於盤勢變化要隨時保持警戒心，不同盤勢也要有不同的因應做法，要更有耐心。

投資要保持耐心，但也應審時度勢

「耐心是你的敵人，也是你的朋友。」一般投資人買進股票後只會面臨兩種情形：上漲跟下跌，而投資人面對結果與應對方式也很機械化——股票上漲賺錢後很開心，因此賣掉股票獲利了結；抑或是，股價下跌時不願意面對賠錢損失，「耐心」等待解套，但所謂的耐心都是被逼迫的。

我常說交易策略是「看對、壓大、抱長」，過程中也需要付出耐心，一如股神巴菲特（Warren Buffett）的名言：「如果你沒有持有一檔股票 10 年的準備，那麼連 10 分鐘都不要持有。」巴菲特的重要投資策略就是長期持股，少則 1 年，多則數年，甚至幾十年。當然，他也會在好價位出現時才進場。

而長期持有股票，少不了「耐心」這項美德護持。不過大家

可別誤會，長期持有不代表不賣股票；事實上，巴菲特也會調整或賣出長期持股。比方 2022 年，巴菲特可能是因為產業景氣達到高原期，也可能是他對中國的經濟前景感到疑慮，選擇將緊抱 13 年的比亞迪持股獲利了結。

其實，買股後該耐心持有與等待？還是見好就獲利了結？還是該停損出場、積極換股？關鍵取決於不同的盤勢、產業趨勢與股票條件，應該搭配不同的理解與應對方法。例如大多頭盤勢時，即便有很多股票拉回，只要耐心持有，基本上很容易再解套；反之，遇到空頭或選錯股票，公司本質或產業發生改變時，沒有第一時間處理往往會跌落萬劫不復的深淵。

「耐心是投資人的朋友，也同時是敵人。」以宏達電（2498）為例，當股價從 1,300 元一路修正近 10 年，最低跌到 25 元的價位（詳見圖 1）。在此期間，投資人究竟該苦守寒窯？還是早早琵琶別抱？

雖然宏達電 2021 年起因元宇宙題材股價反彈到 100 元附近，但對那些買在千元價位的投資人來說，碗大的疤還在心上。如果謹遵長線抱牢原則遲遲不停損出場，耐心就會成為一把利刃，就算不見血封喉，也丟了半條小命。問題是，值得嗎？

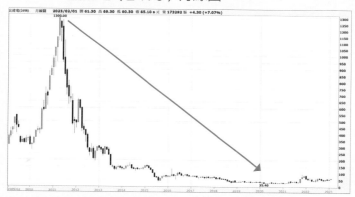

圖1 宏達電股價大跌後，再也沒回到千元價
——宏達電（2498）月線圖

註：資料統計時間為 2009.02.02 ～ 2023.02.01
資料來源：XQ 全球贏家

　　所以，耐心是美德，但也要審時度勢。以 2023 年選股策略來說，延續 2022 年風格，我們可以樂觀預期盤勢「先蹲後跳」，起碼第 2 季後可以耐心篩選標的，伺機而動。至於標的該如何篩選？1-2 已經提到一些可以留意的產業類型，這裡則是要聚焦篩選潛力股的訣竅與方法。

　　投資房產最重要的口訣是「地段、地段、還是地段」，而投資股票最重要的口訣是「選股、選股、還是選股」；前者在景

氣好的時候增值空間相對大，景氣不好時相對抗跌，後者也是一樣，所以，別管大盤指數如何上沖下洗，選對股最重要。

　　至於如何選股？建議投資人多聽演講、多看大師趨勢預言，而且要多關心產業脈動，掌握「由上而下（Top-Down）」的選股方法，由大看小；也可以留心生活中的各種變化，比方什麼東西熱賣、什麼東西夯，從中找靈感與趨勢，把生活股市化，股市生活化，再從中梳理出產業趨勢發展。兩相對照後，如果合乎邏輯、有基本面支撐，由小看大也能找到好的投資標的與產業方向，這是「由下而上（Bottom-Up）」的選股方法。

　　比方說，全球趨勢聚焦綠能、電動車、元宇宙，可以從這個大方向往下找合適的供應鏈及投資標的；或者，前 2 年新冠肺炎（COVID-19）疫情爆發之後帶動「宅經濟」或「防疫」商機，例如賣到斷貨的口罩、快篩劑等保健用品及防疫藥物需求，遠距辦公與線上學習帶動筆電等周邊商品熱銷，與之相關的商品與業者當然獲利了得，投資人若鎖定相關族群應該能有不錯的收穫。

　　除了研究報告及生活中找題材，我也常透過看新聞留意產業趨勢、留意企業執行長（CEO）及大老們的發言等方式篩選

或交叉比對投資標的。下面，我就來幫大家介紹 6 個我認為很好用的選股訣竅：

訣竅 1》閱讀產業分析及法人報告

多閱讀產業分析報告及法人報告，為的就是從專家研究的數據及邏輯中確認趨勢的成長力道。舉例來說，我們可以從蘋果（Apple）過往帶動全球智慧型手機升級的趨勢，找到商機與潛力股。所以，當背面雙鏡頭手機問世後，就算還沒有看到產業報告，就可以預先判斷未來當蘋果推出雙鏡頭手機時，鏡頭相關業者多少都能受惠。

因此，當市場推測，2023 年蘋果新機主要會看到兩個改變（搭載潛望式鏡頭、換上 Type-C 接口）時，就可留意這些新功能是否能嘉惠如軟板及軟硬結合板供應鏈的臻鼎 -KY（4958）、台郡（6269）、華通（2313）、燿華（2367）等族群。

當然，想知道實際帶動相關供應鏈業績的力道有多強，就要多閱讀產業分析報告及法人報告，看看研究機構及法人如何評估相關公司業績可能的上漲幅度，藉此了解趨勢成長力道。

以 2022 年漲勢凌厲的「軍工概念股」為例，雷虎
（8033）、八貫（1342）、漢翔（2634）都強勢表態。
為什麼相關概念股表現得那麼剽悍？從產業報告中可以看出端
倪。以漢翔來說，主要從事飛機系統整合、軍用機研發製造，
以及民用機發動機零件製造與組裝，是國內唯一可與國際廠商
共同開發機體結構、民航機引擎零件製造的公司。業務主要分
為「軍用（軍機、軍用引擎、航空器維修）」、「民用（民用
飛機及引擎）」及「工業技術服務」3 大塊。

2022 年迄今，全球股市在美國聯準會（Fed）鷹風陣陣、
升息點鬼火的干擾下可謂利空不斷，但漢翔因經濟部持股
35% 加上外資上限 10%，籌碼相對穩定。產業趨勢向上，加
上握有國機國造的金牌，又搭上航空復甦潮，基本盤很穩固。
國機國造是政府政策，預算編列完成基本上就要使用完畢，加
上兩岸緊張態勢時不時升溫一下，軍力方向更為明確，2022
年交機 8 架算是暖身，接下來 3 年平均年交機 15 架左右更
是令人期待。

此外，2022 年 10 月美國達美航空（Delta Air Lines）、
聯合航空（United Airlines）、美國航空（American
Airlines）均開出較 2019 年更為成長，甚至破紀錄的獲利成

績，加上飛機製造商波音（Boeing）、空中巴士（Airbus）維持高預期交機量，2023 年皆有望回到疫情前的交機水準，顯見民用機需求仍然暢旺。

觀察法人報告，自漢翔 2022 年第 2 季獲利出爐後，眾多機構紛紛上調漢翔的業績目標，預期營收連 2 年有 30% 的成長。以過去股價淨值比（PBR）區間 1.8 倍～ 2.1 倍來看，仍有表現空間。

雖然一般來說，傳產股的股價不若電子股般狂飆，但若能深入研究、計算價值，一樣會有甜美的果實。

訣竅 2》看新聞媒體嗅風向

從各大財經新聞網或專業財經媒體發布的最新資訊，也可以嗅出股市風向。比方從新聞中得知，IC 設計族群股價在 2022 年大跌逾 40%，表現遠遜於台股大盤跌幅 22%，也遜於美國費城半導體指數下挫近 36% 的表現（詳見圖 2）。從這裡可以看出，IC 設計族群受挫嚴重，跌幅比台股大盤多 1 倍。根據過去經驗，若想搶跌深反彈，可將注意力放在 IC 設計族群上。

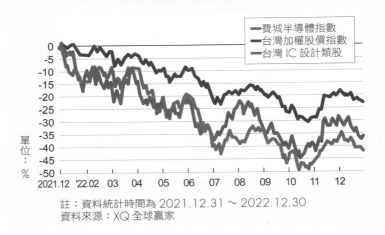

圖2 **2022年台灣IC設計類股表現遜於大盤**
——台灣IC設計類股、加權指數、費半績效比較

- 費城半導體指數
- 台灣加權股價指數
- 台灣 IC 設計類股

單位：％

註：資料統計時間為 2021.12.31 ～ 2022.12.30
資料來源：XQ 全球贏家

　　若打開線圖仔細觀察可發現，2022 年 10 月底過後，幾檔 IC 設計股已從谷底翻身。像是 IC 設計服務的創意（3443），雖然歷經美中晶片戰亂流而遭到錯殺，但很快股價就從 10 月谷底 383 元奮起，至 12 月 20 日創下 822 元的新高價。短短不到 2 個月的時間，股價就漲了近 115%（詳見圖 3）。

　　觀察產業報告，某外資針對創意的最新研究報告指出，2023 年創意將持續受益於結構性人工智慧（AI）、高效能運

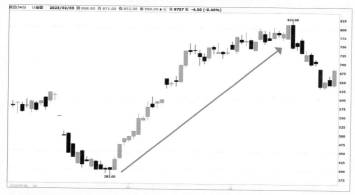

圖3 **2022年年底，創意2個月內約漲115%**
——創意（3443）日線圖

註：資料統計時間為 2022.09.26 ～ 2023.01.03
資料來源：XQ 全球贏家

算（HPC）及網路需求，營收仍有實力挑戰雙位數成長，甚至不排除創意 2023 年營收可望再戰新高；日系外資也看好創意 2023 年營收有機會挑戰雙位數成長，因此重申評等為「買進」。

營收方面，創意 2022 年 12 月營收首度突破 30 億元大關，達 31 億 1,700 萬元，月增 23%、年增 105%，除了創下單月歷史新高，也是連續第 5 個月創新高；2022 年第 4 季營

收達 80 億 8,200 萬元，同樣創下單季新高；2022 年全年總營收首度突破 200 億元關卡，達 240 億 3,900 萬元，年增 59.12%，同樣再創歷史新高。

此外，有媒體於 2023 年 1 月 10 日公布 6 檔 2022 年 12 月營收創新高的半導體股（詳見表 1），其中 IC 設計的創意居冠，第 6 名則是同為 IC 設計族群的 M31（6643）。瑞銀證券亦於 2023 年 1 月表示，可以搶搭網通、伺服器、高速介面等 3 大商機，對於瑞昱（2379）、信驊（5274）、譜瑞 -KY（4966）等指標性個股大喊「買進」。

如果將新聞披露的產業數據與法人看法交叉比對，不難看出 IC 設計族群除了以實力説話，2023 年仍有極佳的爆發力道，投資人可以持續留意。

訣竅 3》留意企業大股東及 CEO 看法

除了產業報告和新聞外，我還會特別觀察公司大股東或 CEO 接受媒體採訪時或在法説會説了哪些話。一如台積電（2330）創辦人張忠謀於 2004 年説，「代表景氣回春的燕子今年終於飛來，看好全球半導體將大幅成長 26% 以上」，

表1 **創意2022年營收年成長率達59%**
——2022年12月營收創新高的半導體股

股票簡稱（股號）	營收（億元）			股價淨值比	2022年前3季EPS（元）
	2022.12	2022年累計	年成長率（%）		
創 意（3443）	22.5	240.4	59.1	13.8	17.64
旺 矽（6223）	6.9	74.4	14.3	1.7	10.34
家 登（3680）	6.5	44.9	43.9	4.5	8.41
普 誠（6129）	1.8	19.5	18.6	2.8	0.59
華景電（6788）	1.7	14.2	30.0	2.3	6.96
M31（6643）	1.8	13.6	34.4	9.5	7.18

註：1. 數值採四捨五入計算；2. 此表按 2022 年累計營收由高至低排序
資料來源：CMoney

或者對於 2012 年全球總體經濟的表現，他表示，「我現在看不見春天的燕子」。從重量級人物的口中可以嗅到景氣榮枯、產業及獲利前景，以及對自家股票的態度。

以矽智財（IP）概念股世芯 -KY（3661）來說，2022 年 11 月時，世芯 -KY 總經理沈翔霖針對美國對中國半導體晶片的加強管制一事表達看法，他認為禁令對公司營運影響有限，世芯 -KY 未來會將中國客戶的貢獻度控制在 1 成以內，以降低營運風險。

　　雖然，2021 年世芯 -KY 營收來自於中國客戶的比重高達 71%，但是 2022 年前 3 季已經下降至 26%，既有的一家中國客戶對於公司的營收貢獻度也僅 1% 至 2%。至於世芯 -KY 先前因為 ABF 載板產能不足而影響營運一事，在 ABF 產能打開後，加上晶圓代工產能支援足夠，2023 年此一問題將不復存在。

　　美系外資針對世芯 -KY 出具的研究報告顯示，近期「美國對中國的晶片出口禁令」對世芯 -KY 影響非常有限。此外，約有 20% 的美國客戶提出在中國境外提供設計服務的要求，世芯 -KY 約有 30% 的工程師位於中國境外，在成本增加有限的情況下，預計 2024 年此一比率有機會提高至 50%。

　　而車用 HPC 在未來幾年具有關鍵機會，世芯 -KY 預計 2023 年會有部分一次性工程費用收入，預估第一筆量產收入將於 2024 年年底貢獻，因此維持世芯 -KY 評等為「加碼」。

　　觀察世芯 -KY 的股價走勢，受到「美國對中國祭出新一波晶片及設備出口管制」影響，2022 年 10 月股價最低跌至 557 元，但之後出現谷底反彈，股價飆升至 12 月初的 960 元，高低價差逾 400 元，漲幅驚人（詳見圖 4）。

圖4 世芯-KY 2個月內價差逾400元
—世芯-KY（3661）日線圖

註：資料統計時間為 2022.09.28 ～ 2023.01.03
資料來源：XQ 全球贏家

訣竅 4》從生活中找題材

　　除了從產業報告、新聞和產業大老談話中找主題，其實我們生活周遭常常臥虎藏龍，只需要留點心，題材俯拾皆是。像是年複合成長率 20% 的傳奇投資人賽斯‧克拉爾曼（Seth Klarman），他在 10 歲的時候就買下人生第一檔股票嬌生公司（Johnson & Johnson），理由是：他常常使用嬌生的 OK 繃，這個案例就是經典的從生活中找題材。

　　而對於有「美食王國」之稱的台灣來說，生活選股可以從「吃」上面下手。例如很多人偶爾會去店裡吃吃鍋貼、水餃，打打牙祭的八方雲集（2753），就是一個不錯的標的。

　　八方雲集於 2000 年 1 月成立，2021 年 9 月上市，旗下擁有「八方雲集」、「梁社漢排骨」、「丹堤咖啡」、「芳珍蔬食」、香港「八方台式麵屋」、香港「百芳池上便當」等 6 大品牌。截至 2022 年 10 月，八方雲集店數逾 1,000 間、梁社漢排骨 183 間、芳珍蔬食 10 間、丹堤咖啡 40 間、香港百芳池上便當 10 間、香港八方台式麵屋 5 間等。

　　就八方雲集來說，由於疫情期間外帶與外送占比持續提升，業績影響相對有限。且台灣門市自 2022 年起加速門市改裝，同時導入智能煎台與煮麵機等設備，有助提升產品品質及門店營運效率。此外，美國八方雲集 2022 年亦持續展店，法人預期，美國市場未來若店數達經濟規模，獲利成長應可期待。而其餘品牌中，除丹堤咖啡持續調整型態及定位獲利模式外，剩下的梁社漢排骨、芳珍蔬食、香港的八方台式麵屋和百芳池上便當，都在不斷積極展店。

　　觀察 K 線圖可以發現，雖然八方雲集是庶民小吃，可它的

圖5 **2023年1月，八方雲集重回235元以上**
──八方雲集（2753）日線圖

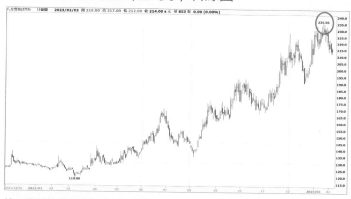

註：資料統計時間為 2021.12.01 ～ 2023.02.03
資料來源：XQ 全球贏家

股價一點都不雞蛋水餃，始終在百元之上。2020 年後，受到新冠肺炎疫情影響，股價雖一度跌至 119 元（2022 年 3 月 8 日最低價），但隨後就反轉向上。2022 年 10 月 13 日台灣邊境解封後，表現更是亮眼，2023 年 1 月時重新站回 235 元高點（詳見圖 5）。

除了八方雲集，以泰式料理在台灣打響名號的餐飲品牌瓦城（2729），表現也不俗。瓦城 2022 年 12 月營收達 4 億

4,100萬元，年增5.77%；2022年全年營收達45億3,800萬元，年增7.32%。

疫後外食餐飲市場全面復甦，瓦城將2023年定位為「衝刺年」，除了前進美國市場、投資美式餐廳「樂子theDiner」，集團旗下各品牌也啟動全新年度展店計畫，目標在台新店數增加18間。

投資人下回消費別只顧著吃吃喝喝，可以從身邊的庶民生活與文化中著手，比方到亞洲藏壽司（2754），用餐時別只盯著迴轉壽司看，或忙著玩扭蛋，試著觀察商品特色、服務品質、經營模式甚至翻桌率，也許會發現下一檔生活優質股。

訣竅 5》追蹤國際龍頭業者社群動態

研調機構集邦科技（TrendForce）在2023年1月預估，2023年5G市場規模約達145億美元，至2026年將增加至370億美元，年複合成長率達11%，主要受元宇宙（Metaverse）相關應用帶動，刺激5G網路需求。TrendForce認為，元宇宙相關應用需求至少需2～3年的醞釀時間，發展重點仍聚焦於社群、多人遊戲、教育、模擬訓練、

共構協作、虛擬會議等內容。

雖然距離真正落地仍有一段時間，但元宇宙仍然走在正確的趨勢道路上，只要持續追蹤，終有開花結果的一天。如果看好元宇宙發展，投資人可以先花點時間從研究產業面下手，找出台股中的元宇宙概念股，看看誰值得多看兩眼。

當然，除了元宇宙概念股，與人工智慧、虛擬實境（VR）、擴增實境（AR）、混合實境（MR），甚至數位孿生（Digital Twin）技術相關的族群，或者擴大範圍看，與 5G 概念、穿戴式裝置概念、3D 列印概念等相關的族群都有表現空間。

除了抓出大方向，觀察媒體相關報導或自己親身體驗未來科技外，也別忘了追蹤重量級國際龍頭業者的相關社群動態，例如臉書母公司 Meta、谷歌（Google）、蘋果、微軟（Microsoft）等。

2022 年年底，隨著高通（Qualcomm）推出 Snapdragon AR2 Gen 1 平台，打造 AR 眼鏡核心晶片，加上蘋果、Meta、谷歌、微軟等大廠陸續推出 AR 相關產品，元宇宙商機已經從 AR 眼鏡等頭戴式裝置，逐步落地成為生活中的真

實應用。元宇宙供應鏈包含 IC 設計、發光二極體（LED）、
有機發光顯示器（PMOLED）等，對此，法人圈看好威盛
（2388）、鈺創（5351）、力旺（3529）、精材（3374）、
聯發科（2454）、瑞昱等業者。

　　以威盛為例，威盛與宏達電（2498）在 AR 應用上已有多
年合作經驗，透過系統整合及晶片委託設計（NRE）打進 AR
眼鏡應用市場，加上威盛已在人工智慧布局多年，卡位元宇宙
市場有其優勢。威盛近年來新成立的 VIA Next 主要以 IC 設
計服務、IP 及特殊應用晶片等產線為主，占 2022 年第 3 季
合併營收比重達 35%，而且握有美國、亞洲等大客戶訂單，
逐漸扭轉 2022 年上半年連 2 季虧損劣勢。

　　隨著全球 5G 加速布建，元宇宙相關產業鏈逐漸成熟，加
上各國政府陸續祭出政策鼓勵產業發展，以及各大龍頭業者競
相投入，投資價值可望陸續浮現。

訣竅 6》從供應鏈與生態系中挖掘

　　同樣，站在未來全球淨零碳排、綠能、電動車的既定道路上，
投資人也能透過供應鏈或供應鏈整合而成的生態系作為篩選投

資標的的參考。

昇陽電腦（Sun Microsystems）共同創辦人比爾‧喬伊（Bill Joy）說，最聰明的那些人永遠都在替其他人工作，但更好的做法是創造一個生態環境，讓那些聰明人為了你的目標耕耘。

「生態系（Eco-System）」近年來儼然成為「團隊」新戰略思維，波士頓顧問（BCG）統計指出，生態系的合作夥伴愈多、橫跨領域愈廣愈好。以台灣來說，台積電於 2008 年已打造半導體生態系開放創新平台（Open Innovation Platform，OIP），涵蓋關鍵積體電路設計範疇，以服務客戶為目的，透過入口網站 TSMC-Online 連結跨領域生態系統，生態系中的夥伴如雲端夥伴、IP 夥伴等在 OIP 技術架構下溝通協作，達到縮短設計及量產時程，讓產品或服務快速問世，也縮短獲利時程。十餘年來，台積電的半導體設計技術架構合作平台堪稱全球最大的晶片驗證 IP 及元件資料庫，囊括逾 3 萬 5,000 個 IP 組合。

台灣的另一個電子龍頭鴻海（2317）積極跨足電動車市場，與裕隆（2201）及台灣硬體零件、軟體互聯網等公司合作，組成 MIH 聯盟（MIH Open EV Alliance），在極短時間內完

成電動車生態系的布局,誓言打造「電動車界的安卓系統」。一輛電動車的軟硬體需求包含動力、能源、車用晶片、電腦控制及車殼等,MIH 聯盟兼具電動車規格開發、技術交流等功能,除鴻海、裕隆外,也吸引三星(Samsung)、微軟、寧德時代(CATL)、德州儀器(TI)等大廠加入,全球逾 2,500 家廠商加入 MIH 聯盟。

所謂「強將手下無弱兵」,就好像電影《復仇者聯盟》中的英雄,個個身懷絕技,可以聯合殺敵,也可以單兵作戰,而我相信,能在台積電或鴻海發起的生態系中生存、成為長期夥伴者,實力鐵定也不容小覷。所以,下次除了投資台積電或鴻海,也可以從供應鏈或生態系中發掘其他隱形冠軍。

當然,依上述 6 訣竅篩選出投資標的,淘金之前還是必須做功課、花時間,至於如何下功夫,後面的章節中我會分享「拜訪公司七龍珠」與「基本分析七龍珠」幫投資朋友強化投資軟實力。

2-2 效法投資法人邏輯 從5大構面確定趨勢是否向上

> 股票投資難免需要運氣，但長期而言，好運、倒楣會相抵，持續成功必須靠技能及善用好原則。
>
> ——菲利普・費雪（Philip A. Fisher）

　　從我任職於證券公司開始，每天的作息多是早上 5 點半起床梳洗、運動，7 點半前到公司，翻閱報紙雜誌，看看美股昨日收盤狀況及 3 大法人動向，還要追蹤個股重訊及新聞；8 點半開晨會，準備好昨天寫好的報告，跟其他操盤人彙報及分享資訊，與全公司研究員和其他操盤人互相交流訊息與討論。

從法人立場找強勢股，從散戶立場找小型股

　　1 天工作 16 小時的我，還花很多時間拜訪公司、跑法說會

等等，每年平均可以交出 197 篇研究報告。直到現在，這些習慣仍然跟著我，對於產業知識與全球經濟走勢具有相當的了解不說，多年的操盤經驗也讓我練就一套獨創的投資技法：站在法人立場找尋強勢股，站在散戶立場找適合的優質小型股。

　　舉例來說，可透過「由上而下（Top-Down）」分析法挖掘好股票。股神巴菲特（Warren Buffett）曾說：「在錯誤的道路上，奔跑也沒有用。」因為在錯的路上跑快，只會離目標愈來愈遠。一開始選對產業，事半功倍，對的產業裡面選到飆股的機率自然高非常多。多年研究員扎實訓練，我習慣從合適的產業中找尋值得投資的個股。當然，另一個重要的方法，就是利用「由下而上（Bottom-Up）」分析法，透過不斷約訪公司、訪廠、參加法說會尋找體質健全、財報穩健、技術含金量高、經營階層正派、有高成長性的績優公司，等待適合的時機來臨進場買賣。

　　漢磊（3707）這檔個股就是用「由上而下」分析法鎖定的優質標的。當時我是從整體趨勢來看，隨著 5G 通訊、電動車、碳中和等全球趨勢加速展開，碳化矽（SiC）材料及氮化鎵（GaN）具備高效節能、高功率等優勢，成為市場的明日之星，帶動第 3 代半導體商機。

表1 **第3代半導體可應用在電動車、再生能源**
——第1代、第2代、第3代半導體比較

項目	第1代半導體	第2代半導體	第3代半導體
主要材料	鍺（Ge）、矽（Si）	砷化鎵（GaAs）、磷化銦（InP）	碳化矽（SiC）、氮化鎵（GaN）
主要特性	成本低、容易製作	低耗損、高導熱、抗輻射	耐高溫、耐高壓、高功率
主要應用	低電壓、太陽能電池	3D感測、光通訊、射頻	電動車、再生能源、通訊

　　第 1 代半導體是目前主要的半導體材料，以鍺（Ge）、矽（Si）為主，成本相對便宜，製程技術最為成熟，普遍應用於資訊產業及微電子產業；第 2 代半導體材料包含砷化鎵（GaAs）及磷化銦（InP），主要應用於通訊產業及照明產業；第 3 代半導體以碳化矽及氮化鎵為主，因為具備耐高溫、耐大電壓、快速作動等特性，可以廣泛應用於高功率、高頻和高溫電子電力系統，如電動車及電動車充電設備、大型風力發電機、太陽能板逆變器、資料中心、手機快充、太空衛星、行動基地台等領域（詳見表 1）。

　　我的思考邏輯是，隨著「2050 年淨零碳排（Net Zero）」目標逼近，全球各國在交通政策與產業推動上，都朝著將國內

燃油車電氣化的方向邁進，帶動整體電動車產業。無論是碳化矽或者氮化鎵，兩者都能同時應用於汽車產業上。尤其碳化矽在車載領域及可靠性上更具優勢，在電動車的系統應用方面，主要包含逆變器、車載充電器（OBC）及直流變壓器等。相較於傳統矽基模組效能，碳化矽可減少約 50% 的電能轉換損耗，降低約 20% 的電源轉換系統成本，提升電動車約 4% 的續航力。

碳化矽元件市場主要由汽車產業主導，例如特斯拉（Tesla）電動車款 Model 3，便首度應用意法半導體（STMicroelectronics）生產的「碳化矽金屬氧化物半導體場效電晶體（SiC MOSFET）」，使多家電動車廠商導入碳化矽材料，開啟全球第 3 類半導體擴產潮。至於氮化鎵功率元件市場則由消費性產品（如手機快充）、電信／通訊（如資料中心、太空衛星通訊）及汽車產業（如電動車內較小電壓的 DC-DC 轉換器）所帶動。

工研院產科國際所（IEK）調查報告指出，2025 年，全球化合物半導體市場價值預計將達 1,780 億美元。化合物半導體市場規模雖不如第 1 類矽基半導體，但年複合成長率高於第 1 類半導體。隨著智慧型手機 3D 感測、電動車及 5G 需

求逐年爆發，尤其電動車半導體功率元件需要更高的轉換效率，承受更高的電壓，第 3 類化合物半導體會比第 1、2 類半導體更為適合。若以每輛電動車需要使用 250 個功率半導體元件計算，化合物半導體的市場規模成長性令人期待。

趨勢與產業邏輯梳理好後，我開始鎖定公司。1985 年成立的漢磊是全球第 1 家雙載子積體電路（Linear Bipolar IC）專業代工廠，也是全球第 1 家具備氮化鎵及碳化矽的專業代工廠，目前擁有 1 座 4/5 吋及 2 座 6 吋晶圓廠。

除了利基型功率半導體的代工生產，漢磊也積極布局節能、新能源汽車等產業應用，除高壓 MOSFET、絕緣柵雙極電晶體（IGBT）與快速回復二極體（FRED）分離功率元件，以及高功率和高壓互補式金屬氧化物半導體（CMOS）等製程多元化服務，也全力發展化合物半導體技術；主力營運模式包含利基型矽功率半導體、氮化鎵及碳化矽磊晶及元件代工。

漢磊總經理劉燦文在 2022 年 9 月的法說會中表示，2022 年下半年營運續強，全年營收展望樂觀，雖然 2023 年消費性產品受終端需求影響有放緩跡象，但化合物半導體動能維持強勁，漢磊也持續擴大 6 吋碳化矽 MOSFET 業務，

2022 年已新增 20 家以上客戶,也有更多歐美新客戶找上門,預估 2023 年營收仍較 2022 年成長 20%。除了漢磊,投資人也可以從供應鏈角度切入,找尋其他與第 3 代半導體有關的優質標的。

投資時應貫徹 5 原則,才有機會賺到大波段

我常看到投資人每天忙進忙出買賣股票,最後問他「賺到錢了嗎?」通常的回應都是「苦笑」。細問操作習慣或邏輯才發現,不少人技術線型基本功不錯,但最後總是因為這樣那樣的原因而「事倍功半」。主要 2 大原因,一是對股票基本面「掌握度」、「理解度」不足,深入程度不夠,中心思想與信仰就不堅定,套牢解套後一下就想賣掉,小賺求解脫,後來的大波段、大財富都與你無關。另外一個重要的原因,是敗在無法貫徹原則上,不論是心理原則還是操作原則。其實我早年開始投資的時候也很容易犯下這些「全天下投資人都會犯的錯」,所以,我非常認同菲利普·費雪(Philip A. Fisher)說的:「持續成功必須靠技能及善用好原則。」

那麼投資究竟有哪些技能和好原則呢?以下便是對應「計分板理論」、「峰終定律」、「7 分飽原則」、「祖魯法則」、

「重視產業趨勢」等，投資人應採取的原則：

原則 1》比起帳上虧損，更應專注於當下盤勢走向
對應理論或觀念：計分板理論

計分板理論是源自於股神巴菲特曾經說過的一句話，「投資就像是打棒球一樣，想要得分大家必須將注意力集中到場上，而不是緊盯著計分板。」

股票的上漲下跌都是市場情緒、供需、基本面與未來的反映過程，是流動的，需要追蹤的。好的操盤者與投資者不應該每天千思萬想帳上的獲利，千煩萬惱自己的虧損，而是應該冷靜、沉著地思考目前盤勢走向、產業主流是什麼，以及選出來的股票基本面、技術面、籌碼面狀況等等。所以，投資決策應該著眼於當下跟未來，而不是被虧損與成本牽絆著！應該讓自己專注面對投手與選球，而不是一直看著計分板！

原則 2》在相對高點與合理位置時減碼
對應理論或觀念：峰終定律

很多人因為沒有買在最低點或賣在最高點而心裡鬱卒半天，其實，高點沒賣到是正常，「終點拿走多少錢」才是重要的交易策略。2002 年諾貝爾經濟學獎獲獎者、心理學家丹尼爾‧

康納曼（Daniel Kahneman）深入研究發現，我們對體驗的記憶由 2 個因素決定：「高峰（無論是正向還是負向）」與「結束」時的感覺，這就是「峰終定律（Peak-End Rule）」。

峰終定律基於我們潛意識總結體驗的特點：我們體驗一項事物之後，所能記住的，通常就只是在「峰」與「終」時的印象，而過程中是好還是不好、體驗時間是長是短，對記憶來說，幾乎沒有影響。「高峰之後、終點結束」，這 2 件事留給我們的印象最深刻。

若將峰終定律放到投資上面，簡單來說，就是「買進股票以後股價漲到高點」這個「高峰值」，容易被投資人給記住。尤其投資軟體發達的現在，每天帳上的盈虧就是投資人心情起伏的根源。但是，對於長期穩健操盤的法人來說，帳上的獲利其實反而是一種干擾，因為容易干擾情緒的喜怒與哀樂，也容易干擾正確的判斷。

舉例來說，當一檔股票股價在高峰值的時候，會出現一個帳上的獲利高峰，例如 A 股票在股價最高時，帳上獲利有 200 萬元，這個數字會留在投資人的心中與腦中，之後「帳上獲利 200 萬元」這個印象會持續困擾著投資人。

像是當股價回落的時候，投資人會想，「這檔股票我的獲利曾經是 200 萬元，雖然現在股價暫時下跌，但說不定再等一下股價就會反彈了……」，或者在股價高點時心想，「A 股票的基本面跟產業面不是都很看好嗎？那就繼續放著好了，看看之後獲利會不會更高……」。

接下來，投資人的所有思維都會圍繞著「獲利高點（高峰值體驗）」打轉，然後產生買了股、持有股票就一味看好，依照「希望與想像」判斷，而不依照現實狀況來調整的狀況，比方股價漲了 2 倍應該適時調整、營收公布結果出現也許該適時調整等「原則」。

暫時先不檢討有沒有賣在高點的對與錯，因為股票有時會超漲，有時會瘋狂。但我認為對於「峰終定律」，正確的應對方式是，當買進的股票股價到了合理的價位，也就是原先規畫的目標價時需格外謹慎。在相對高點與合理位置時減碼，雖然沒有全賣，但是上漲還有持股，下跌時獲利回吐也相對較小。

原則 3》每筆投資只要拿走高峰值 7 成的獲利
對應理論或觀念：7 分飽原則
除了「計分板理論」和「峰終定律」以外，投資人也要謹記

「7分飽原則」。帳上獲利的高峰值是一個數字，喜悅可以，高興更是人性，但是千萬要克服人性，不要因此影響接下來的判斷，更不要用這個數字折磨自己，「要是我A股票賣在XX元的話，應該要賺200萬元，不是只剩下150萬元，氣死了⋯⋯」，最後是賺錢也高興不起來，不賺錢更氣。

生活不容易，投資更是辛苦的長路，所以，從今天起，別用高峰值折磨自己，而是改用「7分飽原則」——每筆投資只要拿走高峰值7成的獲利，好比吃飯只吃「7分飽」，這樣就好，健康沒煩惱（詳見圖1）。

原則4》集中投資，並專注於小型股
對應理論或觀念：祖魯法則

「祖魯法則」（The Zulu Principle）強調集中投資，尤其專注於小型股，相較於法人或主力，這樣的操作模式更適合一般投資人。

我常告訴投資人，「一鳥在手勝過十鳥在林」。雖然我們可能同時看到好幾個投資線或優質個股，但是，除非口袋夠深或委託專業投資團隊操盤，否則一般的投資人還是建議秉持「少即是多（Less is More）」原則，集中火力在幾個利基點及個

圖1 平常心看待高峰值獲利，避免影響情緒
——7分飽原則

股上，專注一個小的領域即可。

　　想想，面對瞬息萬變的盤勢，一個人要顧上 10 檔、20 檔個股，哪裡忙得過來？這也是英國著名成長股投資人吉姆·史萊特（Jim Slater）所說的「雷射光束勝過散彈槍」——聚焦深耕才是硬道理。只要能把基本面做深，挖出藏在細節裡的魔鬼，自然就能了解得比別人多，也就是以有限的資源、集中的

產業研究取得壓倒性的勝利，最後通常可以獲得超額報酬。

　　而史萊特也在自己的著作《祖魯法則》當中提到「聚焦」對投資的重要性：不需要全盤掌握整個市場，只要精通其中某種標的，就有機會成為該投資領域的佼佼者。

　　值得一提的是，史萊特強調，投資小型股的長期報酬率明顯高於大型股。法人受限於資金過多，通常不會將小型股納入投資選項，但是資金少的投資人反而可以毫無顧忌地投資小型股，比起法人、大戶更有機會獲取小型股的優異報酬，因此祖魯法則也被稱為「散戶兵法」。

　　祖魯法則的投資重點在於聚焦、集中持股及鎖定小型成長股，基本分析評估法如下：

①本益成長比（PEG）小於 0.66 倍，若能小於 0.5 倍更好。
②未來 1 年本益比（P/E）小於 15 倍。
③股東權益報酬率（ROE）大於 15%，且連續 3 年正成長。
④近 5 年每股盈餘（EPS）正成長，年增率達 15% 以上。
⑤毛利率大於 15%。
⑥負債比小於 50%。

⑦自由現金流量大於 0。

⑧總市值不能太高。

⑨股本小（台股約可設定在新台幣 50 億元以下）。

⑩大股東持股比率 20% 以上。

⑪融資比率小於 5%。

⑫經營階層樂觀。

⑬股價相對強度高。

⑭公司具競爭優勢。

原則 5》找到對的產業及對的故事

對應理論或觀念：趨勢為王

選股過程中，我相當重視產業趨勢，但不諱言，一檔飆股在漲，漲的通常不是股票，而是對的「趨勢」。就像是「醉翁之意不在酒」或「哥喝的不是咖啡，而是寂寞」，表面上是這家公司業績高成長，但事實上，背後通常有產業力道在推動。因此，我的選股邏輯著重的就是找到對的產業及對的故事，符合條件的個股自然就會引領資金上門，有花自然香，有趨勢一定伴隨高成長，一點都不需要公司積極向法人或是媒體與散戶，吹捧自己的業績及未來。

其實，很多飆股在初期上漲時，就連大股東及公司派自己都

可能不太清楚原因。尤其是專注於公司業務,不太理會資本市場的公司,往往是法人輪流上門,研究報告爭相推薦時,才會發現背後主導的趨勢為何。因此,我常說「漲在題材,盤在營收,跌在獲利」。

　　以 2019 年中美貿易戰打得沸沸揚揚,股價卻驚驚漲的立積(4968)為例,當時股價從 2019 年 4 月的 50 幾元,漲到 2019 年 10 月的 255 元(詳見圖 2),靠的就是背後的產業故事與轉機題材推動。當時能從這檔股票賺到錢的投資人,多半花了功夫研究產業變革,用心沒有白費。

根據基本面、題材、族群、籌碼、線型分析

　　了解有哪些基本投資原則之後,我們再回到當你找到具有成長趨勢的好公司,接著就是用法人選股的邏輯,分析這檔個股是否位於向上趨勢,判斷標準則是從「基本面、題材、族群、籌碼、線型」等 5 大構面切入:

1. 基本面
　　對於有興趣的個股,嚴謹地檢視其基本面,並讓自己的基本面檢視方式形成標準流程。

圖2 **2019年立積股價從50元左右漲至255元**
──立積（4968）日線圖

註：資料統計時間為 2019.03.13 ～ 2019.11.18
資料來源：XQ 全球贏家

2. 題材

　　檢視這家公司生產什麼類型的產品？搭上什麼相關題材？

3. 族群

　　檢視該公司屬於什麼產業？在產業當中屬於上、中、下游的
哪一端？有哪些上下游供應商及客戶？

4. 籌碼

表2 依照5大構面分析個股後，再制定投資策略
——執行投資分析、決策、紀律流程

分析	◆ 基本面、題材、族群、籌碼、技術線型
決策	◆ 投入多少資金、買幾筆、買幾次？ ◆ 評估適合進場的價位、買點、可接受的最大損失、停損點
紀律	◆ 嚴格遵守紀律，停損是紀律，亂砍是情緒

　　觀察這家企業的法人買超、大戶買賣超、分點進出、大股東持股、融資券、庫藏股等6個指標，其中前3項是比較重要的。當有法人大戶也開始留意到這檔股票時，股價更有機會推升。

5. 線型

　　觀察該公司的技術線型，包含型態、位置、波浪、成交量、強弱度、支撐壓力、指標、均線等8大法則。

　　如果確認5大構面符合進場標準，接下來要思考投入多少資金、分幾次進場、分配買幾筆，以及評估適合進場的幾個價位與買點，甚至應該將預估停損點、最大損失金額等細節先沙盤推演一番，以免該停損時卻想拗一把而得不償失。當然，建立完整投資決策後，最重要的就是依照紀律、嚴格執行（詳見表2）！

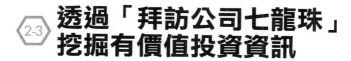 透過「拜訪公司七龍珠」挖掘有價值投資資訊

> 公司狀況與股票狀況有 100% 的相關性。
>
> ——彼得・林區（Peter Lynch）

　　很多投資人以為，我曾任職於券商，研究功底深厚，加上勤於拜訪公司或工廠，所以投資股票對我來說就是「小菜一碟」。有時候和投資朋友分享我對某檔飆股的看法與「果然命中」的喜悦，不少人會以為「那肯定是必須的呀！」但這種時候我會低調謙遜地説「運氣好」。

　　其實，很少人能體會我説「運氣好」背後的辛酸與努力，所謂「台上一分鐘，台下十年功」「你必須要非常用功，才能看起來很輕鬆」「天下沒有白吃的午餐」。美國共同基金之父羅伊・紐伯格（Roy R. Neuberger）曾説，「投資成功是建立

在既有的知識和經驗基礎上。」沒有人生來就是天才，知識與經驗累積需要靠時間打磨。

我認為投資從來不能靠運氣，因為靠山山會倒，靠主力主力會跑，靠內線內線會倒，別人賣股票也不會通知你，投資只能靠自己的腦袋！

如果今天的我，看準優質股票的命中率還不賴，不能說完全沒有運氣加持，但更多的是靠用心、用力思考、辯證，以及大量的閱讀與篩選資訊、投資經驗累積，加上靠走破幾雙鞋拚命拜訪公司、田野調查，透過上中下游確認、訪談、旁敲側擊、找尋好的經營階層……，才能達到「運氣好」的境界。

先有想法才有做法，拜訪公司前要做足功課

我的「葵花寶典」是什麼？將近 20 個年頭，除了勤勤懇懇，我的優良戰績主要是抓到觀察產業與公司的訣竅——拜訪公司七龍珠（詳見圖 1）。

運用「拜訪公司七龍珠」這套方法，讓我在 2022 年台股大跌時，仍舊挖掘出許多高成長、高報酬、高獲利的「三

圖1 拜訪公司前，須釐清7大面向
——拜訪公司七龍珠

高」公司，像是智擎（4162）、寶齡富錦（1760）、美時（1795）、廣積（8050）、立端（6245）、樺漢（6414）、啟碁（6285）、智邦（2345）、閎康（3587）、宜特（3289）、健策（3653）、勤誠（8210）、嘉澤（3533）、技嘉（2376）、上品（4770）、葡萄王（1707）、大江

（8436）、晶碩（6491）、視陽（6782）等。因此，與2022年台股投資人平均每人虧損 67 萬元～ 100 萬元相比，隊長近幾年的平均報酬率維持在 50% 以上。如果投資朋友可以掌握「拜訪公司七龍珠」訣竅，也可以循線找到優質標的。

不過，要提醒投資朋友，在拜訪公司時一定是「先有想法才有做法」，而不是到了公司才想要問什麼，或是別人問什麼就被動的聽、被動接受訊息，這樣是無法得到關鍵重要訊息的。最好是投資人在拜訪公司之前，就將相關資料準備齊全；如此一來，在準備的過程中，也能梳理出還有哪些資訊是無法事先蒐集到的，在拜訪公司時設法向公司取得答案。

或者，投資朋友也可以按照心智圖提問內容，詢問公司相關問題（詳見圖 2），再從答案中梳理有價值的資訊，或者從問題與答覆中再發掘其他問題。以下簡單分享我的「拜訪公司七龍珠」內容：

產業特性》深入了解產業鏈供需狀況

主要必須釐清產業的供需狀況、產業特性、競爭關係以及供應商狀況等。例如有哪幾家競爭者獨大？是否有競爭對手正在

圖2 用心智圖擬定拜訪公司時的提問內容
──拜訪公司前製作心智圖範例

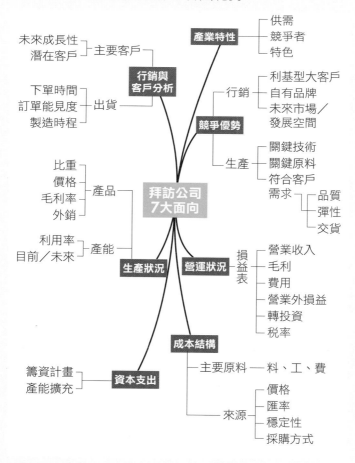

整併中？如果有，需了解整併之後的合作方式與市占率變化。

如果拜訪的公司產業別與景氣波動息息相關，面對景氣變化對產業可能造成的衝擊，公司有哪些因應之道等，最好盡可能向公司提問，以便更好地掌握公司應變能力及體質優劣。

以 jpp-KY（5284）來說，該公司是法國空中巴士（Airbus）A320、A340、A350 駕駛艙航電機構件的亞洲供應商，由於 2022 年歐美陸續解封帶動航太訂單回流，激勵 Tier 1 航太供應鏈強力回補庫存，連帶使得 Tier 2 的 jpp-KY 航太訂單滿載。

2022 年 12 月中我在聽取 jpp-KY 高層簡報時，針對「三率三升」提問，尤其詢問公司營業利益率跟毛利率不斷提升的原因為何，就是希望了解公司實際的成長動能是否穩健。

「三率三升」指的是毛利率、營業利益率和稅後淨利率三者都上升的情況。一般來說，毛利率愈高，代表公司的利潤愈高，公司的產品或技術在產業中更具有競爭優勢。營業利益率用來評估公司本業獲利能力，也就是公司每 1 元營收可以賺到多少比率的營業利益；營業利益率愈高，代表公司的經營管理能

力愈好。稅後淨利率代表公司整體的賺錢能力，稅後淨利率愈高，代表公司愈會賺錢。對於投資人來說，公司財報中出現三率三升，代表公司的獲利處於成長狀態，是喜事一件！

我的觀察是，受航太零組件、伺服器、自動販賣機需求升溫，jpp-KY 營收成長動能看好，2022 年前 3 季每股盈餘（EPS）達 4.03 元，預估全年可望突破 5 元，2023 年 EPS 可望直逼 7 元，極有可能締造掛牌以來新高紀錄。jpp-KY 在 2023 年 1 月 17 日封關日收盤價為 77.5 元，續創波段新高。

競爭優勢》兼具行銷與生產優勢者為佳

參加法說會的好處是，可以面對面接觸到公司大老闆或高階主管，詢問財報或一般媒體沒有披露的第一手資訊，可以光明正大地詢問公司如何定義公司的核心價值及競爭優勢，對於財報、公司近期的獲利表現，甚至對景氣與產業發展的看法及因應之道，都可以透過這些公開場合獲得第一手資料。

一家公司的競爭優勢可以分為「行銷」與「生產」兩方面。與「行銷」相關的競爭優勢包括是否有利基型大客戶（尤其是國際級大廠）、自有品牌能見度、是否有新產品、未來是否有

開拓新市場的發展空間等。

　　此外，面對主要客戶與訂單，未來的成長性如何，對於潛在客戶是否擬定爭取策略及開發計畫等等，從問答中可以看出公司經營團隊的想法與做法，從中研判獲利前景與公司價值。

　　例如，台灣知名隱形眼鏡公司晶碩。晶碩為專業隱形眼鏡製造商，由和碩（4938）與景碩（3189）投資成立，品牌與代工占比為 2：8。透過實際參加晶碩的法說會，可以更了解產業趨勢，例如近視的人口、使用隱形眼鏡的需求、較高成長的地區等。相關資訊歸納如下：

　　◆數位時代，3C 產品日益普及，滑手機、看平板成為日常，卻也導致民眾普遍視力衰退。根據國際近視研究學會（IMI）研究，2020 年全球有超過 3 成人口罹患近視，預計到 2050 年這個數字會成長至 5 成。

　　◆元大投顧報告指出，全球近視人口預估將由 2022 年的 30 億人，提升到 2030 年的 38 億人，成長率約 27%。近視人口增加，除了配戴眼鏡外，人們也因為方便或愛美選擇戴隱形眼鏡，催生了隱形眼鏡商機。

◆2021 年全球隱形眼鏡市場規模約 90 億美元，其中美國、歐洲、日本、其他亞洲地區分別占 34%、28%、20%、8%，預估 2022 年～ 2026 年年均複合成長率（CAGR）為 5%。由此可見，亞洲市場隱形眼鏡的使用率仍低，未來主要成長動能來自亞洲需求所帶動。

◆預估中國隱形眼鏡市場於 2022 年～ 2026 年 CAGR 為 17.5%，為成長最快的市場。受惠於 2015 年線上通路開放隱形眼鏡銷售，2020 年第 2 季中國疫情得控後，線上彩片（即彩色隱形眼鏡）快速成長。中國新銳品牌藉由快速推出多樣花色及款式的彩片，吸引消費者選購。

透過參加法說會得知，晶碩 2022 年第 3 季出貨區域占比為中國 43%、日本 40%、台灣 12%、歐美 4%，主要客戶為 Moody、T-Garden 等，競爭對手包括精華（1565）、海昌等。再透過次級資料分析可清楚發現，成長最高的市場——中國，在 2022 年 11 月的天貓彩片銷售排行榜當中，前 12 名就有 5 名是找晶碩來代工（例如 Moody 日拋彩片、Moody 月拋彩片、FLANMY 日拋彩片等）。

晶碩表示，憑藉少量多樣自動化彩片生產、良好的訂單交

期,持續於日本、中國提升原廠委託設計代工(ODM)市占率。2020 年第 2 季中國疫情得到控制後,戴口罩的防疫需求加強了眼妝的重要性,加上中國隱形眼鏡滲透率低、新銳品牌積極投入行銷,中國線上彩片於 2020 年～ 2021 年快速成長,晶碩期間爭取許多中國新銳品牌釋出的 ODM 訂單,產能亦隨訂單成長逐季增加。2022 年第 2 季雖然受到中國上海「封控」(註 1)影響物流,但預期未來疫情得控後,仍將受惠於中國線上彩片快速成長趨勢。

營運狀況》確認影響營收變動的根本原因

主要是從財務報表的綜合損益表了解一家公司的營收變化與獲利結構,包含營業收入、營業毛利、營業費用、營業外利益及損失,轉投資認列的投資收益等。正常情況下,公司的營收愈高,稅後淨利理應愈高,至於每月公布 1 次的月營收,則是投資人能夠更快看到的基本面數據。

基本上,穩健成長的公司每月營收多與去年同期持平或是小

註 1:「封控」指在新冠肺炎(COVID-19)疫情爆發的情況下,中國對社區、大樓等進行「區域封閉、足不出戶、服務上門」的管制。

幅增長，若發現營收大增，排除季節性因素，通常是因為切入新產品、客戶下了大筆訂單，或是擴增產能所致。拜訪公司時投資人不妨向公司確認，這樣的營收增長表現是否有持續性、能夠持續多久。

當然，有時財報顯示的稅後盈餘不見得大幅度增長，原因可能出在成本、費用、業外損益等環節，拜訪公司時可一併釐清這些問題，進一步作為篩選公司或評估持股續留與否的準據。

同樣以 jpp-KY 為例，除了航太業務營收占比達 30%，雲端伺服器業績也呈逆勢成長，但公司仍力求多角化經營，穩定獲利，如 jpp-KY 子公司 IMotor 還投資泰國電動機車租賃業者 Winnonie，搶占減碳能源市場商機，2023 年 1 月 20 日已發表第 1 輛泰國國產製造的電動機車。

IMotor 是 jpp-KY 與泰國機車製造商 Newsomthai（NST）合資成立的控股公司，NST 主要負責電動機車製造及推廣，由 jpp-KY 代工設計製造電動機車換電站及充電樁，提供企業客戶整套解決方案。

我也曾針對 IMotor、換電站及充電樁未來可能創造的營收，

及何時可能實現獲利一事詢問公司高層,得到的回覆是泰國電池規格進程還不確定,2022 年 12 月底完成約 200 個換電站,營收約 2,000 萬泰銖(約合新台幣 1,750 萬元),摩托車業外收益約在 2023 年第 1 季浮現。

　站在投資角度,除了主要營業收入,投資人也要留心公司其他產線的發展,以及預期實現獲利的時間點,才能更好地評估公司的整體投資價值。

成本結構》應特別留意「營業成本」

　通常,在公司的獲利結構當中,我習慣將「營業成本」特別拉出來研究。由於營業收入減去營業成本後即為毛利,一旦營業成本大幅提高,不只衝擊到毛利,也會影響營業利益與稅後淨利。評估一家公司的毛利是否穩定,就要留意公司的成本結構。可留意 2 大面向:

1. 主要原料
　成本分析當中,原料、人工、製造費用的比率與比重十分重要,例如豬排的食材原料比重可能達 50%,混凝土的原料中水泥比重可能高達 80%。了解一家公司成本當中的料、工、

費比是基本功，也是法說會上法人常提問的問題之一。

2. 來源

留意主要原料的報價變化。當原料報價上漲，公司的營業成本就會墊高，當然會影響公司毛利；反之，原料報價下跌有利毛利提升。此外，也要了解公司的原料來源是否穩定，比方若逢產業旺季，主要供應商卻產能不足，自然影響下游業者，這時應該詢問公司是否能從次要供應商處取得產能，或者詢問缺貨時間多久、如何因應等問題。

另外，若原料是來自海外，匯率變化也會影響原料進口價格，也可以詢問公司如何因應匯損問題。比方 2022 年下半年起，全球央行升息不斷，強勢美元導致其他貨幣走跌，新台幣貶值不只對進出口業者有影響，對毛利的影響也很大，因此投資人要了解匯率升貶對公司的影響是福是禍，產生匯兌收入間接挹注營收或者產生匯損衝擊毛利，一喜一悲之間都會影響股價表現。

行銷與客戶分析》主要客戶與出貨須具成長性

行銷與客戶分析分為「主要客戶」及「出貨」2 大面向。在

「主要客戶」面向，需要了解公司主要客戶的未來成長性，以及是否有口袋名單，也就是潛在客戶，可以了解公司的未來發展趨勢。

若主要客戶具備高成長性而且與客戶關係穩定，可以預期公司的前景明朗；反之，保守看待。若具有可開發的潛在客戶，對公司來說當然是加分。「出貨」面向則是要確認公司的訂單能見度以及製造時程，如此容易估算營收狀況。

舉例來說，台積電（2330）總裁魏哲家 2022 年年底表示，半導體庫存於 2022 年第 3 季達到高峰，第 4 季庫存開始修正，預計至 2023 年下半年產能利用率才會全面回升，顯示庫存壓力與庫存去化對於台積電這類大廠來說，同樣是「不可承受之重」。

對於台積電來說，主要客戶的「固樁」，以及新客戶的開發或新的下單量當然也很重要，如果既有主要客戶與出貨量具成長性，對於調整消費性產品庫存相當有幫助。

然而，2022 年第 3 季開始，由於需求迅速衰減，景氣大跌超乎預期，砍單力道殺傷力增強，甚至出現認賠毀約，只希

望將損失降至最低，揮刀對象從原本二線晶圓代工廠轉向一線的台積電等廠。面對前 10 大客戶，尤其是聯發科（2454）、超微半導體（AMD）、英特爾（Intel）與輝達（NVIDIA）等大廠齊砍單，估計台積電 2023 年首季整體稼動率將出現顯著崩跌。

更早之前，2022 年 11 月台積電車用晶片接單爆發，傳出將取代三星（Samsung），奪下特斯拉（Tesla）新世代全自動輔助駕駛（FSD）晶片大單，因此特斯拉 2023 年有望成為台積電前 7 大客戶，這也是台積電主力客戶中首度出現純電動車廠。

「砍單」與「接單」直接影響公司營運績效，台積電如此，其他公司也逃不過大浪來襲。面對景氣不佳，代工廠多半保守以對，難怪和碩董事長童子賢 2023 年年初表示，預期 2023 年夏天，和碩搶訂單的速度會比兔子跑得快，但樂觀認為成長會比兔子跳得高。

前面的案例主要是讓投資人明白，應該要如何看待行銷與客戶分析。而投資人在參加法說會或拜訪公司時，也可以針對這方面的疑慮提問，聽聽公司怎麼說。

生產狀況》產能滿載代表業績暢旺

「產能」主要看現階段產能利用率（即實際產能占總產能的比率），若公司產能持續滿載，可解讀為業績續旺，未來營收表現可以樂觀以對；若產能利用率不高，有可能是因為產品停產、客戶抽單導致產能閒置，或有其他計畫，這部分疑慮可以透過拜訪公司或參加法說會釐清。因此，在觀察公司生產狀況時，可細部留意不同產品占整體營收的比重如何，如果主要獲利來源比重減少，可能是警訊。

除了目前產能狀況，也可詢問未來是否有擴充產能計畫，畢竟產能有限，接到大單也無法有效衝高營收。另外，也要觀察產品售價與市場均價的關係，若售價高於市場均價，代表產品受市場認同度高，比方蘋果（Apple）手機與周邊商品的售價即高於多數同類型產品。還要觀察不同產品的毛利率狀況，若高毛利率產品占比提升，有助改善或提高公司獲利結構。

以 2022 年頗受法人青睞的豪華遊艇製造商東哥遊艇（8478）來說，即便疫情陰霾尚未完全掃除，2022 年全年東哥遊艇的股價表現仍然節節高升，法人認為，東哥遊艇坐擁 3 大營運利多，接單排至 2025 年，手上訂單船價漲逾 2 成，

圖3 **2023年年初，東哥遊艇創下新高價**
——東哥遊艇（8478）日線圖

註：資料統計時間為 2022.01.03 ～ 2023.01.17
資料來源：XQ 全球贏家

新廠產能如期開出，預期 2023 年、2024 年 2 年營運站穩後，應該有不錯的表現。若觀察 K 線圖可以發現，東哥遊艇的股價在 2023 年衝一波，1 月 17 日封關前創下 378 元新高價，寫下公司掛牌以來的新紀錄（詳見圖 3）。

資本支出》追蹤產能擴充進度

資本支出指的是公司有計畫投入資金於固定資產，如購置土

地、擴建廠房或添購新設備以增加產能。以電子紙大廠元太（8069）為例，2022 年總斥資約 2 億 2,000 萬元參與驅動 IC 廠聯合聚晶（註 2）私募普通股，取得約 35% 的股權，成為最大股東。聯合聚晶董事長李威德即表示，看好元太入股後，有助擴大聯合聚晶在電子標籤（ESL）的市占。

研調機構集邦科技（TrendForce）調查，2022 年至 2026 年全球電子紙市場規模將成長 4.3 倍，應用上進入高速成長期。元太在全球電子紙市場已拿下逾 90% 以上的市占，居電子紙產業龍頭地位，由於元太近年來持續擴產、技術不斷演進，從黑白兩色到五色技術，後續潛力發展可期。

元太因應電子紙材料需求，陸續擴充新竹 4 條產線，預計 2023 年完工。因應擴產、擴廠計畫，將資本支出上修。2023 年 1 月，美銀證券把元太納入觀察範圍，認為元太歷經購併與業務轉型後，全球電子紙市占率超過 9 成，給予「買進」投資評等，推測未來 12 個月的合理股價為 210 元。

由於元太掌握毛利率更高的物聯網（IoT）商機，新的應用

註 2：聯合聚晶於 2022 年 11 月決議申請登錄興櫃，股票代號 6927。

方式推升關鍵成長動能，電子閱讀器的終端應用大客戶包含亞馬遜（Amazon）、樂天 Kobo；電子貨架標籤專案與國際大品牌沃爾瑪（Walmart）、好市多（Costco）、百思買（Best Buy）等密切合作，加上節能與綠能趨勢持續發酵，各種智慧運輸、智慧城市、智慧醫療專案陸續問世，外資券商估算，高毛利的 IoT 業務在 2022 年～ 2024 年期間，年複合成長率將高達 27%。在全球潔淨能源趨勢下，即便元太因為擴產而付出更多資本支出，券商仍看好其毛利率將維持在高檔水準。

當公司出現資本支出，投資人可掌握 2 個要點：第 1 個是「是否有籌資計畫？」若公司並不打算使用現金購置，勢必要進行籌資，如現金增資、發行公司債等，此時可詢問公司籌資金額及股本增加比率等問題。第 2 是「產能擴充」，資本支出無非是要擴大產能，提高未來的營收與獲利。通常公司會有明確的產能擴充時間表，因此，拜訪公司時可詢問公司目前的進度是否符合預期、超前或是落後，藉此評估新產能何時可能貢獻營收。

一家公司做什麼，遠比說什麼來得重要，善用隊長「拜訪公司七龍珠」，不論用於參加法說會或拜訪公司，都能事半功倍。

2-4 善用「基本分析七龍珠」判斷公司投資價值

> 創業者光有激情和創新是不夠的，需要很好的體系、制度、團隊及良好的盈利模式。
>
> ——馬雲

　　中國阿里巴巴創辦人馬雲習慣從創業者角度看公司前景與續航力，我則是從投資角度看公司的營運模式與未來性。

　　雖然現在有許多媒體、網站會披露公司及產業動態，但是多數人知道的消息，不見得是投資人最關心的問題。因此，如果是自己特別關心、長期追蹤與看好的公司，最好是要多聽、多看、多問。好比現在的車用衛星導航很方便，但是有句話說「路在嘴邊」，直接問「當地人」，除了掌握路況、抄近路，還能同時掌握附近停車、周邊環境等資訊，節省更多時間、掌握更

多有利資訊。

　　一般菜鳥研究員拜訪公司時，會將訪談重點放在營收、毛利、費用、稅率等細節，但是更有遠見的資深研究員聊的是產業方向、公司競爭優勢、競爭策略與成長動能等大格局問題，而大格局問題往往更能凸顯公司的長期投資價值。

　　除了問問題找答案，有了答案後還要有統整、分析答案的技巧，之後才能判斷公司投資價值是否如外界傳聞，或者符合自己原本的期待。

　　至於如何分析公司的價值？不妨善用我的「基本分析七龍珠」技巧，從「5 項基本指標」、「本益比（PE）與本益成長比（PEG）」、「成長動能」、「營運狀況（包含營收、毛利率與淨利率）」、「資本額及籌資計畫」、「商業模式」、「競爭優勢與競爭者」等面向著手。

5 項基本指標》評估是否有題材或營運動能

　　個股業績表現可能受景氣與大環境影響，但基本分析技巧卻是放諸四海皆準。我在判斷公司價值之前會先列出 5 項基本

指標:「新產品」、「新市場」、「寡占／獨占」、「高成長」、「國際級大客戶」,整體評估公司是否有好題材或營運動能。

　　一般來說,公司基本條件的整體評分愈差,距離我的價值型投資標準就愈遠。如果有公司能夠 5 項指標全部符合,該公司多半是業內龍頭或隱形冠軍,但這樣的標準就太過嚴苛了。因此,對於多數企業來說,5 項指標中只要具備 3 項就算及格了。

指標 1》新產品

　　一般來說,新產品通常毛利率也比較高,獲利率相對也高。毛利是指公司銷售產品與服務所獲得的收入,毛利愈高代表公司創造的附加價值愈高。從另一個角度來看,毛利高也代表公司的成本管控能力良好。

　　根據 CRIF 中華徵信所 2022 年版《台灣工商業財務總分析》線上資料庫調查統計指出,各產業中,2021 年毛利率由「光學及精密器械業」拔得頭籌,且 2021 年資訊電子及通信器材業毛利率、營益率、純益率前 3 大子產業,分別是「半導體業」、「被動電子元件業」及「印刷電路板業」。由此觀之,半導體業仍為台灣獲利最強的製造業。

　　不過，CRIF 中華徵信所提醒，台灣半導體業的獲利高峰在 2022 年，之後成長趨緩。2025 年後受「美、歐、韓、日等國半導體布局陸續完成」、「中國對台灣半導體的倚賴逐漸減緩」、「台灣半導體業投資海外生產成本提高」等 3 大因素影響，半導體業獲利成長有鈍化的趨勢。對於青睞半導體產業的投資人來說，可以將此資訊納入評估。

　　以台股來說，大立光（3008）及台積電（2330）都擁有含金量高的高階製程技術與產品。一般只要營業費用控制得宜，因為毛利高，營收通常表現不俗，每股盈餘（EPS）增長下，股價表現相對強勢。不過，2022 年下半年國際情勢丕變，半導體庫存去化須待 2023 年上半年才可能撥雲見日。

　　2023 年 1 月台積電舉辦法說會之後，外資圈如摩根士丹利（Morgan Stanley）預估，台積電第 1 季毛利率展望逾 55%，全年營收增長，股價有 80% 機率上漲，幅度上看 5%，外資圈對下半年營運復甦仍寄予厚望。

　　同一天舉辦法說會的光學元件廠大立光執行長林恩平坦言，全球手機廠幾乎抱持悲觀態度，庫存去化沒有變好，加上第 1 季為傳統淡季，1 月至 2 月營收恐逐月下滑。相較於法人對

台積電營運復甦抱持樂觀態度,摩根士丹利則對於大立光降評為「劣於大盤」,瑞信證券也在法説會前出手將大立光降評為「中立」。法人認為,大立光短期獲利風險升溫,股價大幅反彈後的報酬風險較不具吸引力,股價是時候該休息一下。

從各產業消長中,可以進一步鎖定公司是否有新產品問世,若有,則是一大優勢。如台積電在 2022 年 12 月底宣布,3 奈米製程技術順利進入量產,且具備良好的良率。相較於 5 奈米製程技術,3 奈米邏輯密度將增加約 60%,相同速度下功耗降低約 30% 至 35%,是最先進的技術。台積電預估,3 奈米製程技術將被應用於超級電腦、雲端資料中心、高速網際網路及行動裝置等,市場需求非常強勁,預估量產 5 年內可能創造高達 1 兆 5,000 億美元的終端產品價值。

指標 2》新市場

當公司切入全新市場,市占從零開始累積,不只基期相對低,成長幅度也相對大,如台積電高階技術門檻創造新市場,之前的 7 奈米高階製程製造手機圖形處理器 GPU,因為製程難度高,打遍天下少有敵手,市占及成長幅度相對高。隨著消費性電子、智慧型手機市場漸趨成熟與飽和,未來高效能運算(HPC)不僅與人工智慧(AI)衍生的臉部、語音辨識有關,

與無人機、載具發展更有直接關聯性，預期 HPC 會是台積電
下一個致勝戰場。

　其他如創意（3443）與世芯 -KY（3661）早已切入超級
電腦、量子電腦及 AI 晶片，這些高階產品競爭對手相對較少，
同樣具有低基期、市占從零開始的優勢，隨著相關技術與產品
落地，訂單增加指日可待。

指標 3》寡占／獨占

　市場結構有 3 種：完全競爭、寡占、獨占。若企業屬於完
全競爭，通常利潤微薄，故可忽略不計；寡占是指特定市場中
僅有少數幾家供應商，難有新進者加入搶市，也叫寡頭壟斷市
場；獨占則是只有一家廠商生產該類產品，幾乎無可替代。

　以微軟（Microsoft）當年推出的 Windows 作業系統及
Office 文書處理系統來說，就是獨門生意，為公司累積逾 1
兆美元市值不說，即便後來出現同質性競爭者，30 年打下來
的半壁江山與使用者習慣硬是讓市占率居高不下，後發品牌難
以撼動其地位。然而獨占企業少有，所以我們可以退而求其
次，尋找「寡占」企業即可。具有寡占特質的供應商擁有「地
才」級的優勢，僅遜於獨占這種輾壓式的「天才」級優勢。

　　一般來説，獨占或寡占事業通常屬於國家經營或特許行業，如台電、台灣高鐵（2633）、自來水公司等，或者是行業中的佼佼者，如台積電。愈是獨占或寡占事業，護城河愈高。比方市調機構 Counterpoint Research 公布，2022 年第 4 季全球晶圓代工市占率，台積電上升至 60%，穩居龍頭寶座，遙遙領先第 2 名三星（Samsung）的 13%，即為一例。

　　寡占與獨占公司具有極強的競爭優勢，只要公司可以維持良好的財務體質與經營能力，投資這類公司相對有保障，這也是不少投資人選擇這類型公司作為存股標的的主因。

指標 4》高成長

　　2020 年新冠肺炎（COVID-19）疫情在世界各地爆發之後，隨著全球各國封鎖邊境、多數產業受到衝擊的情況下，沒想到筆電、視訊、線上學習（e-Learning）、宅經濟引爆新一波商機，口罩、快篩劑、解熱鎮痛藥品等防疫需求，反而刺激新的產業成長。

　　如果時間拉回 2020 年，當時美國有不少高成長科技股受疫情衝擊導致營收雪崩式衰退，如 Airbnb、Booking.com 和智遊網（Expedia）等旅遊業者，營收較前一年減少達 80%。

幾乎所有網路廣告商的營收在 2020 年上半年都出現大幅下滑，如谷歌（Google）2020 年 6 月季報是成立以來首次營收衰退；優步（Uber）和來福車（Lyft）等共乘公司因為乘車需求徹底消失而營收狂降，幾乎半年到 9 個月的業務量全面蒸發。

但是，另外有一群高成長科技股卻直接受惠於疫情，如亞馬遜（Amazon）、Chewy、DoorDash、eBay、Etsy、網飛（Netflix）、Shopify、派樂騰（Peloton）、Wayfair、Zoom 等，前述提到與宅經濟、居家辦公產品或服務有關的公司。這些公司在全球經濟衰退 3% 的時候，營收還能逆勢成長。而台灣的筆電業者、影音科技、生技醫藥等產業與供應鏈，也是疫情下的受惠族群。這些業績逆勢走揚的族群也在過去 3 年間享受到高成長、高獲利的甜美果實，包含股價上漲。

中國小米創始人雷軍說：「創業，就是要做一頭站在風口上的豬。風口站對了，豬也可以飛起來。」因為疫情這股趨勢風而受惠的「飛豬」，屬於站對趨勢風口——老天爺賞飯吃的一種代表。另一種站對風口指的是產業趨勢對了，就能順著風勢迎來高成長與高獲利。只要公司本身的競爭力夠，產品對了、趨勢對了，逆風也能飛！比方前幾年，智慧型手機走向背面雙

鏡頭、三鏡頭時，鏡頭需求將成長 2 ～ 3 倍，而當時的光學鏡頭大廠大立光，理所當然直接受惠。

　　3 年前我便預測，2020 年後具有高成長潛力的產業包含車聯網、高速傳輸、雲端、AI、5G、邊緣運算（Edge Computing）、風力發電、工業 4.0、低軌道衛星、指紋辨識、人臉辨識、飛時測距（ToF）、宅經濟、虛擬實境（VR）與擴增實境（AR）、防疫醫材等。檢視過去 2 年相關類股的表現，成長幅度都相當驚人，就算不是主流中的頂流個股，隱形冠軍也都有相當不錯的成長幅度。

　　3 年過去，時空環境有了改變，展望 2023 年後，我認為網通、ESG 綠能、電動車與新能源車、半導體高階製程及生技醫療仍然具有相當的成長潛力，這部分在後面的章節中我會仔細說明。

指標 5》國際級大客戶

　　以國際級大客戶為指標，並不是因為「外國的月亮比較圓」，而是因為擁有國際級大客戶，一方面代表公司的技術與產品水準高於市場平均值，才會受到大廠青睞，另一方面則是因為國際級大廠的要求嚴謹，可以打入供應鏈也代表另一種國際級認

證與肯定，更可以藉此吸引更多國際大訂單。

如果一家製造業公司原以內銷為主，後來可以成功拿下國際級垂直整合製造（IDM）大廠，如英飛凌（Infineon）、意法半導體（STMicroelectronics）、德州儀器（TI）、安森美（onsemi）、羅姆（ROHM）等的訂單，甚至打進其供應鏈，公司的身價自然不可同日而語。

就新興的第 3 代半導體來說，未來幾年內仍可能是由 IDM 廠主導，代工生存空間相對較小，如果台廠可以取得國際級大廠訂單或打入供應鏈，加分不小。

本益比與本益成長比》評估公司未來獲利能力

本益比是用來評估未來獲利能力的指標，僅適用具盈餘持續性、基本面穩定的公司，其公式為「股價 ÷EPS」。本益比可依採用的 EPS 不同，分為「歷史本益比（以過去 12 個月的 EPS 總額計算）」和「預估本益比（以預估未來的 EPS 計算）」。

本益比也是評估公司股價的方法，可以換算要賺到未來每年 1 元的收益，需要投入幾倍成本。舉例而言，如果投資 10 萬

元，每年能拿回 1 萬元，本益比就是 10 倍。

　　一般合理的本益比為 8 倍至 20 倍，低於 8 倍代表股價過低；8 倍至 12 倍是市場認為相對便宜的股價區間；12 倍至 20 倍屬於正常範圍；高於 20 倍代表股價偏高，但如果是高成長股，今日的 20 倍本益比到了明日可能是相對合理或便宜的區間。不過對於成長股來說，由於 EPS 會持續成長，若是採用歷史本益比可能會失真，必須採用未來 12 個月的 EPS 預估才能提高估價的準確度。

　　但不是所有高本益比的股票都是成長股，建議投資人在進場前可以先想想，該公司股票的「本益比高」是否合理。假若本益比高有其道理，那麼市場自然會給予比較高的本益比評價。以晶圓代工一哥與二哥來說，長年來，台積電毛利率超過50%，聯電（2303）毛利率則多在 40% 之下，自然台積電的本益比會比聯電高出 10 倍以上。

　　雖然本益比用來評價很方便，不過對於成長股，我最常用的估價方法是可以將公司的未來成長性納入考量的「本益成長比（PEG）」。本益成長比是由吉姆・史萊特（Jim Slater）所提出，其公式為「**本益成長比＝本益比 ÷ 盈餘成長率**」。

　　要注意的是，在計算本益成長比時，本益比和盈餘成長率都只取前面數值的部分，舉例來說，假設一檔個股的本益比為10 倍，未來的盈餘成長率為 10%，本益成長比即為 1 倍（＝10÷10）。如果面對的是一檔成長股，我會依本益成長比決定是否買進已經上漲一段時間的股票，以免錯失好業績、高成長潛力股。

　　一般認為，本益成長比為 1 倍時，代表目前股價合理，數值愈低代表股價愈被低估。史萊特認為，本益成長比低於0.75 倍的股票才值得買進，低於 0.66 倍更佳，我個人則是認為，低於 0.6 倍以下的股票尚未反映高成長，值得買進。

　　不過在使用本益成長比時，若某一檔個股的本益比已經來到20 倍，此時需要思考的問題是：盈餘成長到 25% 的機率（即本益成長比 0.8 倍）大不大？如果機率不到 50%，那麼買進之後的獲利空間可能不大，投資人需要思考值不值得買進，也許等股價拉回再擇機進場是比較好的選擇。

成長動能》掌握公司未來的預測或展望

　　股價反映的是未來，因此，公司是否「具有成長動能」對法

人或投資人來說，是重中之重。除了研究財報與數字，成長動能強弱通常需要透過詢問公司才可能明確掌握。比方詢問公司是否推出新產品、接到新訂單、拿下新市場、開發新客戶等等，一言以蔽之，就是「公司未來的預測或展望如何」。

如果公司的回答是「持平」，法人可能毫不手軟換股操作；如果公司回答「沒有悲觀的理由」，不一定能消除法人對公司及大環境的疑慮，後續會不會琵琶別抱，機率是一半一半；如果公司的回答是「看法樂觀」，甚至斬釘截鐵說「後勢看好」，對法人來說就是利多，買進或持續加碼的可能性大增。

基本上，成長動能決定本益成長比的計算，也是影響法人進出的核心條件之一，如果缺乏成長動能支撐，即便是台積電這類股市資優生，也可能遭法人狂賣。投資人永遠要記住一件事情，股價反映的永遠是未來！

營運狀況》從綜合損益表中檢視是否賺錢

其實，股價能不能上漲看公司獲利與營收，有賺錢一切都有可能，沒賺錢就連做夢的機會都沒有。有沒有賺錢可以從財報中的「綜合損益表」看出端倪，我個人在研究綜合損益表時，

最常看的就是營業收入成長性、毛利率高低、營業利益率高低，以及稅後淨利的變化。

營業收入成長性主要看月營收的年增率如何，而且必須與同期相比，才不至於有淡旺季的落差；毛利率高低與獲利能力有關，太低代表公司在扣除必要的經營、管銷與研發等費用後所剩無幾，「錢途」不夠閃亮，自然降低投資意願；營業利益率代表扣除一切營運成本及營業費用後，本業所產生的利益；稅後淨利則是扣除一切損失或支出後的淨利。

值得一提的是，不同產業別的毛利、營業利益率結構不同，不能用同樣的標準套用。比方餐飲業通常具備較高的人事管銷費、高毛利率、低營業利益率的特性；反觀晶圓代工，矽智財（IP）、IC 設計業通常具備高毛利率、高營業利益率的特性，最好按照不同產業別及個股表現，檢視本章提到的價值判斷標準，再決定投資與否。

當然，就算是同質性類股也不見得可以套用到一個模式裡，比方說，台積電與聯電雖然同為晶圓代工族群，但是毛利率與營業利益率不盡然都符合高毛利率、高營業利益率模式，同樣需要從實際數據中換算獲利表現，才能得出真確的本益比、營

業利益率等數據，並從這些數據中評斷公司價值。

資本額及籌資計畫》中小型股股價易被拉抬

　　隊長常說，看一家公司做什麼，比聽它說什麼來得重要！「資本額」即是公司股本，股本可以解讀為參與分配淨利的人數多寡。基本上，中小型股因為股本小、獲利時反映出來的成長率較高。因為同樣獲利，不同股本，也就是不同數額的人均分，EPS 的數字也就大不相同。

　　如果本身屬於主流產業、具有高成長性的話，就會是不錯的投資標的。而且股本小的公司股性較為活潑，相較於股本大、企業營運處於成熟期而且獲利相對穩定的大股本公司，我個人頗為偏好從中小型股中發掘潛力股，而且戰績都不錯。

　　另一方面，從籌碼的角度來看，股本小代表在外流通的股票張數相對較少，如果本身具有題材，比較容易受主力大戶的青睞，股價也容易被拉抬，更容易成為主流飆股，如 2022 年漲幅驚人的軍工股雷虎（8033）就是一例。

　　雷虎是以遙控模型起家，後轉型投入中大型無人機製作，成

為唯一一家大型軍民通用無人直升機 T-400 通過經濟部計畫的廠商。這波雷虎的爆發契機，主要受惠於俄烏戰爭，「軍用商規」打破過往軍用產品需取得「軍規」的前提，無須嚴守軍規產品強調防塵、耐溫、耐摔原則，同時大幅降低投入時間與成本。

股本為 13 億 2,600 萬元的雷虎，掌握微型、大型無人機市場，躍升為熱門軍工概念股。主力大戶買盤加持下，硬是讓雷虎股價從 2022 年 9 月底不到 17 元的價位，漲到 11 月 22 日的 49.65 元，短短 2 個月股價飆升近 2 倍，漲幅驚人（詳見圖 1）。

「籌資計畫」通常代表公司有新訂單或為擴產做準備，籌資方式可能是辦理「現金增資」或「發行可轉換公司債」。當現金增資或發行可轉換公司債的拐點訊號出現時，正所謂「春江水暖鴨先知」，表示公司需要籌資擴廠。試問，沒有接到大訂單或大客戶的需求，誰敢貿然買地、擴廠，花大錢？因此，籌資計畫通常被視為利多，因為隱含著成長的可能，公司股價有上漲機會。

前面是就題材角度思考，當然，鞭炮放完要回到現實，比方

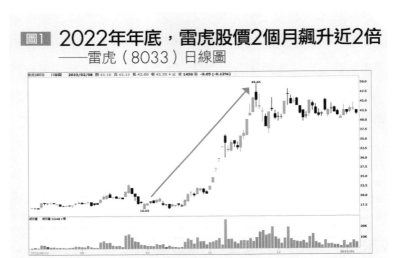

圖1 **2022年年底，雷虎股價2個月飆升近2倍**
——雷虎（8033）日線圖

註：資料統計時間為 2022.08.10 ～ 2023.01.06
資料來源：XQ 全球贏家

公司蓋廠房需要時間，生產線裝置到位，到擴產生產之間還有一段路要走，短則一年，長則數年，因此，投資人也要將獲利何時實現等因素納入考量。萬一中間有任何風吹草動，如景氣反轉、原物料上漲或缺料、工期延宕等等，都可能平添變數。

簡單舉例說明，砷化鎵（GaAs）晶圓代工廠宏捷科（8086），於 2018 年因為中美貿易戰促使中國品牌大廠決定自主自控，不再依賴美國廠商，連帶宏捷科產業地位丕變，

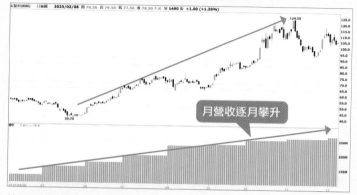

圖2 **2019年年中起，宏捷科半年漲逾200%**
——宏捷科（8086）日線圖

註：資料統計時間為 2019.04.08 ～ 2019.12.06
資料來源：XQ 全球贏家

來自於中國的接單量使營收大爆發，因此決定透過現金增資方式擴產 1 倍，這次的現金增資擴廠也是 10 年來僅見的一次行動。

對於當時的宏捷科來說，產業營收與股價拐點同步出現，自 2019 年 5 月起至 12 月，月營收逐月攀升；反映在股價上，則是從 2019 年 5 月的 40 元左右，暴漲至 11 月的 124.5 元，漲幅逾 200%（詳見圖 2）。

　　另一個經典案例則是健策（3653）。健策在 2018 年時發行可轉換公司債，用於擴建桃園大園區的絕緣柵雙極電晶體（IGBT）廠及均熱片廠房，同樣是多年未曾擴廠及產品供應緊俏。這波利多隨著營收與獲利大幅成長的題材，股價一路從 2018 年年底的 70 多元，飆漲至 2019 年年底的 230 多元，1 年漲幅達 2 倍之多！這檔個股後續還持續有表現，2020 年 3 月受疫情影響股價回檔後，一路從 3 月低點 122 元左右，飆升至 2021 年 12 月的 461 元新高價位（詳見圖 3）。

商業模式》具開創性、稀有性的藍海為佳

　　所謂的商業模式說白了，就是公司透過何種方式賺錢。若商業模式具開創性、稀有性、需求性或先發優勢，多數人會認為這家公司的商業模式處於「藍海」。通常在後發競爭者尚未進入市場前，具有品牌、價格甚至產業與獲利優勢。反之，商業模式若雷同的競爭者眾，或者進入門檻不高，很容易陷入價格戰，價低者容易拿到訂單，而這種公司就處於毛利低到見骨的「紅海」中，被取代性很高，如何滿足客戶需求，如期、如質、如成本又能保有一定的獲利率，很是考驗公司的營運能力。

　　大家應該還記得多年前整合訂閱、廣告和創作者服務模式，

圖3 **2021年12月，健策股價飆升至461元**
——健策（3653）日線圖

註：資料統計時間為 2018.12.28～2021.12.03
資料來源：XQ 全球贏家

可用於音樂、播客、有聲讀物等多元應用平台的 Spotify 是如何崛起的。數位時代創造新藍海，2022 年，Spotify 就已經擁有 4 億多的用戶，成為全球最多人使用的聲音平台。

未來，Spotify 仍朝多元平台發展，希望 2030 年達到 10 億用戶規模，未來 10 年實現年營收 1,000 億美元、毛利率 40%、營業利潤率 20% 的願景。在藍海變成紅海之前，Spotify 還能笑傲江湖一段時間。

　　數位科技還有不少創新的藍海市場與成功案例,如 2002 年掛牌上市的網飛(Netflix),過去 10 年受惠於數位串流影音普及與訂閱制奏捷,加上自製許多膾炙人口的影集,以及疫情宅經濟推波助瀾,風光無限。

　　即便未來 Spotify 與 Netflix 的商業模式,可能隨著進入成熟期而導致業績不再大幅成長,但科技創造的可能性仍處於進行式,興許之後還會有新興的整合應用與商業模式推出,可以持續觀察這些科技龍頭的動態。退一萬步說,如果 10 年前買進新興科技龍頭股,獲利是相當令人滿意的。

　　台灣有不少代工業處於相互競爭的狀態,愈是商業模式或產品沒有獨特之處的公司,愈是沒有利基優勢可創造穩健或突出的獲利。但也有很多例外,比方有富爸爸母公司撐腰,或找到強有力的策略結盟者。在商業模式的選擇上,我比較偏好高知識型或技術含金量高的公司,如低勞力密集、低資本支出但具備高知識型產業特性的 IC 設計公司、軟體服務公司等,如信驊(5274)、緯軟(4953)等,或者如生產大型資料中心伺服器用的浸泡式液冷系統大廠高力(8996)這類隱形冠軍。

　　以高力來說,2022 年風雨飄搖的一年中,因為具有高附加

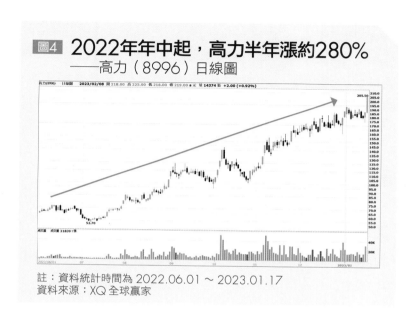

圖4 **2022年年中起，高力半年漲約280%**
——高力（8996）日線圖

註：資料統計時間為 2022.06.01 ～ 2023.01.17
資料來源：XQ 全球贏家

價值、高利潤與產業前景，股價屢創新高，從 2022 年 7 月
中約 54 元，到 2023 年 1 月 17 日漲停鎖死，收在最高點
205.5 元。不過半年之隔，股價上漲約 280%（詳見圖 4），
也是 2022 年我的操作代表作之一。

競爭優勢與競爭者》透過 2 面向檢視

選股並不是射飛鏢，射中哪個算哪個，如果沒有一定的獲利

能力與產業前景,大可不必將金錢與時間浪費在不對的標的身上。這跟擇偶的道理是一樣的,沒有一定的了解程度與悉心觀察,只憑一時衝動,鬼遮眼的機率是很大的,未來善後很辛苦。我習慣透過經營大師麥可・波特(Michael E. Porter)的「五力分析」與「3個競爭策略」檢視公司競爭優勢。

面向1》五力分析

「五力分析」包含下列5者:

①與現有競爭者的競爭關係如何?最好具有寡占或高市占優勢,或處於利基型市場,才不容易被搶單或瓜分市占率。

②潛在競爭者多寡?如果該公司具備高技術門檻、高資本支出等特性,比較不容易出現新的競爭對手。

③替代性高低?愈是替代性弱的公司,被取代性愈低。「非你不可」決定公司價值,而客戶也會具有較高的品牌忠誠度。

④供應商的議價能力如何?如果「非他不可」的供應商被取代性低,公司的議價能力相對較弱,萬一供應商漲價,只能被動接受;反之,供應商被取代性高或同質性供應商家數多,公

司的議價能力相對較高。

⑤客戶的議價能力如何？當公司對客戶來說具有「非你不可」的重要性，議價能力相對強；反之則否，萬一客戶砍單或以「讓利」為由施壓，未免失去客戶，只能選擇接受或放棄，客戶說了算。

面向 2》3 個競爭策略
至於「3 個競爭策略」，則包含：

①**成本領導策略**：成本領導策略說穿了就是價格導向，以低成本搶市，好比工程採購案中的「最低標」──價低者得。比方大量生產、標準化零件的規模經濟型企業通常具有進價優勢，所以可以壓低成本拿下訂單，但是這類公司往往股本不大，需要高資本支出而股價又不易上漲，通常不會在我的選股名單中。

②**差異化策略**：差異化策略與利基市場有異曲同工之妙，主要凸顯公司強項或優勢，如特殊設計或服務內容，如果可以深度耕耘差異化與利基市場，也許未來有機會冒出頭。如前面提到的高力就專精於板式熱交換器沖壓，在冷氣壓縮機市占率已

逾 80%，堪稱一方之霸。

　　③**目標專注策略**：專注於高所得、高價值的終端市場的策略，會有較高的成本結構，這有 2 個原因：第 1，這些公司必須增加產品的功能和特性，以吸引高所得的顧客，這會提高成本。第 2，由於只服務單一市場區隔，需求有限難以達到規模經濟。為了彌補此缺點，目標專注策略通常會搭配客製化與獨特性，例如集中於高所得的高端市場，讓公司可以訂定比成本領導策略與差異化策略更高的價格。

　　日本股神是川銀藏說：「每日盯牢經濟與股市行情變動，而且必須自己下功夫研究。」投資沒有捷徑，只要功夫下得深，持續耕耘，多分析、多觀察、多比較，活用我分享的「基本分析七龍珠」心法，成功「淘金」是遲早的事。

Chapter 3

技術篇
提高投資勝率

**依照年齡、投資屬性等
調整價值型與成長型投資比例**

> 價值投資就是購買一檔價格低於價值的股票，在
> 價格高於價值時賣出，但前提是要有便宜貨。
>
> ——賽斯・克拉爾曼（Seth Karlaman）

　　前面的章節中提到選股方向與策略，不論從哪個方向切入，我都建議投資人尋找有價值的公司。股神巴菲特（Warren Buffett）曾說，「用合理的價格買優質的公司，不要用便宜的價格買平庸的公司！」交易策略就是「看對、壓大、抱長」。我在 30 歲時成為基金經理人，40 歲前已經累積數千萬元的資產，實現財富自由的理想。回顧我的投資之路，與我相伴的多半是價值型與成長型股票。

　　至於該選價值型股票還是成長型股票，則需視投資人的年

紀、投資屬性、風險接受程度、操作習性、基本功力、股齡等
不同條件而異。好比 100 個人有 100 種背景，對金錢的想
法與操作特性不盡相同，我個人就屬於追求高利潤、可以承受
相對高風險的族群。但是，因為注重基本面與價值投資，加上
累積多種選股及判斷技巧，因此整體獲利能力彈升的速度快，
累積財富的速度也相對較快。接下來，我們就來聊聊，價值型
選股與成長型選股有什麼區別。

價值型投資》重視風險，投資價值遭低估股

投資界中有一位傳奇投資人賽斯‧克拉爾曼（Seth
Klarman），30 年內只用 50% 部位就創造 20% 年複合成長
率，他跟股神巴菲特、股神的老師班傑明‧葛拉漢（Benjamin
Graham）一樣崇尚「價值型投資」。

價值型投資的重點在於，除了選對公司、選對進場時機創造
長期投資報酬，還要留意不能只看股票價格，而要關注「公司
價值」。

正如巴菲特所說：「投資企業而非股票；擁有一檔股票後，
期待明天早晨它就上漲是十分愚蠢的。」這部分與我的「看對、

153

壓大、抱長」操作策略相呼應。更重要的是，價值型投資非常強調投資風險，這部分與我的「少賠大錢就是賺，投資前先設好停損點」理念相呼應。

價值型投資的理念主要是專注於購買價值被低估的股票，在價格達到合理價值時獲利了結。由於價值型投資強調風險比報酬更重要，在操作過程中就該避開代表巨大風險的槓桿及做空。因此，賽斯‧克拉爾曼認為，不能只關注數字，而是應該關注數字背後所帶來的風險。

從另一個角度來看，All-in 也具有風險，持有高比率現金部位才符合安全邊際的標準。賽斯‧克拉爾曼的現金部位常高達 40% 至 50%，萬一找不到合適的投資標的，他的選擇是寧缺勿濫，寧願耐心等待更好的時機，操作策略與資產配置比例視公司基本面而定，而且他會針對公司進行壓力測試。

哪些公司符合價值型投資的標準？我以 2022 年操作的宏盛（2534）做說明。宏盛是價值型公司，當時我切入的角度是宏盛股價 24 元、淨值 29 元，本淨比偏低，不到 0.8 倍，而完銷認列的房屋跟土地能見度高。思考的是殖利率，追求的是長期的穩定度與能見度，這檔個股適合存股族、不看盤的上

班族、風險厭惡者及追求穩定配息的投資人。

除了股神巴菲特，巴菲特的好友兼合夥人查理‧蒙格（Charlie Munger）也是價值型投資的代表性人物。他的 2 大價值型投資重點是「經營者思維」及「安全邊際」。

經營者思維說的是「換位思考」，投資人要把自己當成公司的老闆，你是公司的股東，公司的所有事情都與你有關，否則你沒有資格長期持有它。也因為需要長期持有，所以必須具備經營者思維，千萬不要買了股票就束之高閣，漠不關心。

安全邊際說的是「耐心等待機會」，既然要買進公司股票，就要買便宜貨，要耐心等待，等待公司發生系統性風險的時候再買進，別人恐懼你貪婪。因為平時就已經做好功課，對公司的財務、競爭力等狀況瞭若指掌，自然知道公司該有的「價值」，當公司發生系統性風險時，不趁機卡位就太不智了。

針對價值型投資，我的建議是：瞄準穩健、寡占產業，獲利與業績具有續航力與高穩定性，參考指標包含股價淨值比、流動性、負債比、殖利率、能見度與配息率，還有手上的訂單狀況。選股方面，可以朝鐵路、電力、國營事業方面思考（詳見

表 1）。只要按圖索驥，仔細梳理，投資人也可以找到理想的價值型投資標的。

透過 7 項指標，避開價值陷阱

價值投資法優先考慮股票的內在價值，希望找出內在價值被低估的股票，然後長期持有。問題是，很多投資人以為自己買到的是便宜的好公司，但其實買到的可能是基本面持續惡化的糟糕公司，陷入了價值陷阱，資產價值持續下降而無法獲利。

除了隨時留意產業景氣及公司所處週期位置變化，還有幾個方法可以避免跌入價值陷阱，以下提供避開價值陷阱的 7 項指標，投資人不妨交叉比對手中持股條件。

指標 1》市占率

正常狀況下，公司的市占率理應隨著股價上升而攀升，如果發現公司市占率持平不動，甚至逐步下降，代表競爭力持續下降，這樣的公司不符價值投資的選股標準，很可能是一個價值陷阱。

當然，就算是率先打入藍海的公司，也不代表後面不會有其

表1 電信、國營事業屬於價值型產業
——價值型投資思考方向

項目	價值型投資
選擇標的	穩健、產業寡占
獲利與業績	持續力久、穩定性高
關注指標	股價淨值比、流動性、負債比、殖利率、能見度、配息率、在手訂單
投資心態與想法	耐心等待、逢低買進、分批出手、謹慎評估
產業特性	寡占、穩定性高
產業舉例	鐵路、電力、國營事業、電信
相關個股	宏盛（2534）、台灣高鐵（2633）、台汽電（8926）、統一超（2912）

他競爭者出現。如果出現新的強勢競爭者，或是有其他公司推出極具挑戰性的新技術造成威脅，而公司無法有效因應或解決問題，既有的優勢可能出現反轉，股價表現亦然。如果情況持續惡化，代表原先預估的獲利表現與成長空間出現逆轉，投資人須適度止損。

指標 2》公司治理品質

有時候，敵人不在門外，而在門內。壓垮公司的不是外部競爭，而是決策階層決策失誤、財務造假等人為因素。因此，投

資人也該隨時留意公司的領導階層與經營階層狀況，包含決策品質。

指標 3》債務與股權狀況

公司的債務水準是衡量財務實力最重要的因素，如果沒有能力償債就會破產。多數公司會使用槓桿、舉債等方式滿足資金需求，或者出現買回庫藏股的操作。

如果財務槓桿過了頭，舉債撐門面的營收數字終會現形，這時可以觀察公司的負債率，檢視債務狀況與股東權益比之間的比率是否合理，以及資產負債比，尤其要特別留意公司長期處於低本益比、低股價淨值比是否合理，交叉比對後可以進一步確認公司的債務及槓桿是否過大。如果公司債務與資金缺口大到一定程度，可能引發債務危機。

指標 4》現金流與淨資產報酬率

投資大師菲利普‧費雪（Philip A. Fisher）說：「現金流是所有公司的重要健康指標。」留意公司現金流以及公司如何使用這些資金也很重要，比方使用於廣宣活動、經營投資事項的比例及品項資訊，可以從中窺見公司經營與投資決策方面的可行性及品質。

ROE 可以衡量公司獲利能力的強弱，以及公司是否有效利用股東權益，其公式為「ROE ＝稅後淨利 ÷ 股東權益×100%」。如果公司長期以來的本益比、股價淨值比、現金流比率等數據持續偏低，有可能代表體質不佳。

除了 ROE 之外，投資人也可以透過「資產報酬率（ROA）」判斷公司如何管理資產。資產報酬率又稱資產收益率，可以用來衡量公司使用資產創造獲利的效率及能力，其公式為「ROA＝稅後淨利 ÷ 平均總資產 ×100%」，數值愈高代表公司利用資產的賺錢效率愈好。

如果前述幾個指標無法維持在正常水準，甚至出現大幅變動，就有可能是價值陷阱。

指標 5》產品結構與市場週期

「成也蕭何，敗也蕭何」，有些公司出現某些月份的營運業績暴增，或是公司某種商品需求暴增而業績暴漲，股價跟著一飛沖天。如果這些利基因素消失，公司的股價也可能在短時間內崩跌，一如過去的蛋塔效應、排隊店效應、網紅效應，只有「紅一天」或「一陣子」，不足以支撐長期投資應具備的價值性因素。

指標 6》法人或主力是否買進

　　很多「有經驗」的投資人會犯下「文人相輕」的毛病，對自己的判斷過於自信，或者買賣股票時總認為自己比別人聰明。其實「識股的伯樂」不好當，如果投資人發現自己看好的公司竟然不受法人或主力青睞，千萬不要暗自竊喜，以為只有自己慧眼獨具發現「新大陸」。或許你應該換個角度思考，沒有其他買盤進場，有沒有可能是自己看走眼？

　　另一方面，沒有成交量的個股基本上股價也不容易推升，建議仔細梳理及觀察各項數據再次確認，以免陷入另一種價值陷阱。如果認定發現了新大陸，也不必然代表股價會有所表現，有很多隱形冠軍是蹲了很多年才守得雲開見月明。如果你是那種太過於「先知」型的價值型投資人，也要有長期忍受孤獨的自覺，畢竟有些股票的股價，可能長時間都無法反映公司的內在價值。

指標 7》公司未來成長性

　　雖然價值投資的精神是「買優質的便宜貨」，但有時候相對高的股價可能優於股價低的標的，因此，選擇標的時，應該跳出只看價格的迷思。除了價值之外，不妨將未來性與成長性納入考量。

成長型投資》符合主流趨勢，才能高成長

成長型投資首重產業趨勢，只有對的主流趨勢才可以創造高成長性。當高成長性出現時，絕對吸睛，籌碼、技術、資金、法人關注、內外資報告、新聞媒體等都會簇擁而上，公司未來獲利、本益比都會提高。當然，因為賺取的報酬率相對高，需要付出的研究心力也相對大，畢竟天下沒有白吃的午餐。

對於成長型股票來說，必須追蹤本益成長比、未來的本益比，還有擴廠進度、訂單掌握度、客戶成長性，以及籌碼狀況。當然，操作上一定也要設好停損、停利點，雖然風險較高，但是伴隨而來的報酬率也比較高。

針對成長型投資，我的建議是尋找具有爆發力與未來展望佳的標的，這部分需要搭配未來主流趨勢相互比對，而且獲利與業績必須要有成長性，參考指標包含報酬率、營收年增率、政策、本益比及本益成長比，還要考量公司手中握有多少客戶訂單。因為追求高成長，產業特性宜挑選成長性大、未來高度發展的族群，同樣需要交叉比較未來主流趨勢。

根據我的觀察，電動車概念股及生技醫藥股就頗為符合成長

型類股指標，除了高力（8996）與美時（1795）外，若是鎖定表 2 羅列的方向與注意事項，還能發掘其他族群及優質公司。

前面提到，不同投資人適合的類股族群也不相同，如果追求的是長期、穩定報酬，價值型股票是不錯的選擇，但心態上一定要相對有耐心，謹慎評估買賣點，最好逢低買進而且分批出手；如果鎖定成長型股票，心態上宜大膽、敢於追夢，而且要有比較好的股價波動承受力，過程中仍然須留意營收變化與整體產業趨勢，適時調整持股。

透過 3 項指標，避開成長陷阱

每一家公司都在追求營收成長，但是很多時候投資人明明看到公司營收及獲利在成長，但是本益比卻停滯不前，甚至更低，顯然公司陷入「成長降低公司價值的陷阱」，營收成長率愈高，本益比反而更低，其實，法人也會從這個角度來衡量本益比高低。

2022 年台積電（2330）等大型權值股，從 10 月底股價崩跌逾 30% 至 40% 後，11 月搭上反彈近 2,000 點的列車，

表2 電動車概念、生技醫療屬於成長型產業
—— 成長型股票思考方向

項目	成長型投資
選擇標的	具爆發力、未來展望
獲利與業績	成長性高
關注指標	報酬率、營收年增率、政策、客戶訂單、本益比、本益成長比
投資心態與想法	大膽假設與勇敢追夢、維持高成長是必須、營收業績關注、趨勢持續留意
產業特性	成長性大、未來高度發展
產業舉例	電動車概念、生技醫藥
相關個股	高力（8996）、美時（1795）、創意（3443）、上品（4770）、健策（3653）

股價開始回升，但是眼尖的投資人會發現，怎麼台積電等高價股驚驚漲，「電子五哥」中的鴻海（2317）股價就是不漲？鴻海的獲利不是持續攀升嗎？的確，鴻海的營收規模與獲利狀況多是上升的，但是股東權益報酬率（ROE）卻也明顯地逐年下降，因此本益比難以提升，似乎陷入「成長降低公司價值的陷阱」。

反觀台積電，由於高階晶片需求擴大，雖然因為擴廠增加

資本支出,預估 2023 年資本支出將較 2022 年歷史新高的 363 億美元(約合新台幣 1 兆 1,000 億元)下滑,介於 320 億美元至 360 億美元(約合新台幣 9,746 億元~1 兆 900 億元)。但是台積電不論是在台南或美國蓋一座晶圓廠,在資金成本不變的情況下,業績成長愈多,公司價值就愈高,與鴻海狀況不同,因此法人態度也是兩樣情。

為了避免陷入成長陷阱,投資人可以觀察以下 3 個指標:

指標 1》本益比與本益成長比

公司在成長的時候,本益比也應該隨之升高。假如公司的本益比沒有隨著成長率而上升,之後計算出來的本益成長比就會顯得不合理。避免陷入成長價值陷阱,除了檢視這 2 個數據,最好同時檢視董監持股比率及 ROE,才能更好地確認結果。

指標 2》董監持股比率

董監持股比率高,代表公司股東看好自家公司的未來,建議董監持股比率最好不要低於 20%。

指標 3》股東權益報酬率

當一家公司在成長時,ROE 卻反而愈來愈低時,投資人應

該要留意是否出現「成長型價值陷阱」，一如前面提到的鴻海案例。反之，公司成長時，ROE 也愈來愈高，這時不要輕易賣股，因為這代表公司價值正逐步提升中。建議 ROE 不要低於 15%。

前面提到，我個人屬於追求高利潤、敢勇於停損、可以承受相對高風險的族群，也就是積極型投資人。我的觀點是：致富要趁早，愈是年輕的時候致富，愈是有體力及活力享受更好的人生，追求更多的夢想，幫助更多的人。因此，建議年紀尚輕、承受力較佳的時候持股比例以成長型為主、價值型為輔。

進入退休階段的年齡則相反，高齡者投資應以價值型為主，甚至資產配置可以有部分以定存、債券、房地產為主，尤其這 2 年升息幅度大，定存利率不差，有收益又相對保本的資產配置對高齡者來說相對安穩也安心。畢竟投資永遠有風險，不論如何投資或配置資產，前提是晚上能睡得著覺。

針對資產配置，我的建議是，投資人可以分兩個帳戶，或者分兩部分資金來操作——穩健但細水長流的族群集中在一個帳戶，高成長、高報酬但高風險的族群集中在另一個帳戶；或者價值型股票與成長型股票各擺在一個帳號中，資金比例也應該

按照個人金流與可支配資金狀況調整適當比重。但首先要先了解自己的可投入資金、風險承受度，也要知道自己的屬性跟喜好，規畫好之後再進場操作，才能免除後顧之憂，可以動如脫兔，靜如處子，享受成長型與價值型投資帶來的報酬。

(3-2) 2重點分析籌碼面 解讀法人與大戶動向

"

僅介入交易活躍的股票，避免介入流動緩慢、成
交量稀少的股票。

——威廉・江恩（Willian Gann）

"

　　不論大廟小廟，有人燒香的廟就有人氣；不論股本大小，有
買盤接手的股票股價才有推升力道。當我花了時間研究、追蹤
產業趨勢，發掘短中長線各有表現的好公司時，接下來我會觀
察籌碼面分布狀況。

　　籌碼是公司流通於市面上的股票張數，如果買進量大於賣出
量，甚至有大量買盤進場，通常代表個股具有題材，股價有上
漲空間。對於逐利而來的廣大投資人來說，大量買盤進場代表
「英雄所見略同」，同好多、人氣旺，股價不上漲簡直不可能。

　　但是，籌碼掌握在誰的手上代表不同的意義。比方三大法人、主力、散戶，雖然股價之前人人平等，但誰出手買或賣股學問挺大。這個章節我會從籌碼面解讀個股未來性及法人操作習性，一窺法人的操作邏輯。

　　先來說說籌碼面分析的 2 個重點。3-1 我提到「一窩蜂」蛋塔、排隊店或一日網紅效應，就是非常短的「一日行情」題材。

　　當然，「一日」不是只漲 1 天的意思，而是形容題材熱度維持的時間相當短暫，面對這類題材與個股，手腳快一點可以搶個短，但是我的操作習慣仍偏向選對長期趨勢與產業的價值型投資，或者價值型與成長型兼備的標的，短沖不是產業隊長的風格。

　　籌碼分析主要用來輔助檢視題材與公司的熱度是不是真的「有人燒香」，有人燒香的廟當然香火鼎盛，沒人燒香的廟就算搶到「頭香」也不用太高興。

　　不過，並不是要投資人死盯著籌碼這個單一指標，還是要有全觀性。籌碼分析時要先建立 2 個重要觀念，一是「資訊引領資金」，二是「籌碼決定股票上漲的速度」。

重點 1》資訊引領資金

一如前面我説的，投資房產看地段，投資股票看產業與題材，有題材自然吸引各路英雄好漢齊聚。如果題材吸引手上有重金的法人或大戶，跟著大咖的腳步走，方向起碼不會大錯，就算吃不到牛肉，還有牛肉湯喝。

舉例來説，近幾年因為「2050 淨零碳排」成為全球永續指標，帶動環保節能風潮，電動車因不會製造空汙的優勢成為當紅炸子雞。電動車大廠特斯拉（Tesla）的股價自 2019 年 10 月的 250 多美元，漲到 2020 年 2 月的近千美元（註 1），漲幅驚人。但其實特斯拉當年還處於虧損狀態，距離電動車普及落地還有一段路要走，可股價已率先大漲，就是因為有「題材」支撐，加上趨勢走在正確的路上，所以吸引買盤湧入。

不過，特斯拉在 2022 年衰事不少，除了中國生產狀況不斷，執行長伊隆·馬斯克（Elon Musk）收購推特（Twitter）一事搞得滿城風雨，甚至拖累特斯拉股價，全年崩跌近

註 1：特斯拉因為在 2020 年 8 月和 2022 年 8 有分割過股票，所以大家現在看到的股價會比過去還要低。截至 2023 年 1 月底，特斯拉股價約為 170 美元。

65%，堪稱史上最慘。然而，2023 年 1 月最新調查顯示，華爾街分析師對特斯拉的熱愛不減。根據數據供應商 FactSet 的統計，64% 追蹤特斯拉的分析師給予這檔股票「買進」或「加碼」評級，比率還是 2014 年年底以來最高。這就是「題材正確」的魅力！

若將鏡頭拉回台股，散熱模組廠泰碩（3338）2018 年第 4 季打入中國大廠中興通訊的基地台供應鏈，即便當時才剛剛出貨，營收占比也不高，卻吸引買盤進場。

泰碩股價從 2018 年 11 月底 20 多元一路飆漲，至 2019 年 8 月最高來到 106 元，漲幅逾 400%（詳見圖 1）！除了題材對，股價通常也會領先反映題材。從籌碼面來看，成交量在股價上漲期間明顯放大，顯然有人燒香，而且香客如織！

重點 2》籌碼決定股票上漲的速度

我的投資邏輯是站在宏觀角度，從全球趨勢往下找相關產業，再從產業中發掘具有高獲利能力的重點公司。當題材轉向某個產業族群，除了研究基本面與公司體質，我也會一併研究籌碼及技術線型。

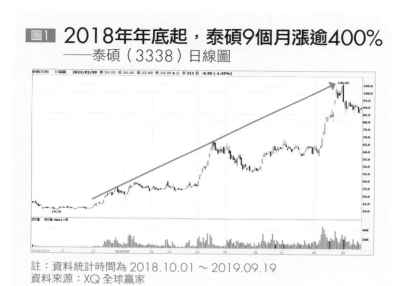

圖1 **2018年年底起，泰碩9個月漲逾400%**
——泰碩（3338）日線圖

註：資料統計時間為 2018.10.01 ～ 2019.09.19
資料來源：XQ 全球贏家

　　成長股價值投資策略之父菲利普・費雪（Philip A. Fisher）說：「投資股票要切實了解公司的經營狀況，不可被不實數字所矇騙。」我深以為然，所以花很多時間在研究上，每天要看數不清的研究報告，就是為了避免雙眼被蒙蔽，或不小心犯下「股市老手」過於自信的錯誤。

　　當前面的研究功課做足，後面的投資策略才會更正確，不會買得太早或太晚，雖然要留意籌碼面變化，但也不能以偏概全

或陷入見樹不見林的泥淖中。我的經驗是，如果只追著籌碼跑，很難壓大、抱長，也很難獲得高報酬。

基本上，籌碼是配角，它會決定股票上漲的速度與推升力度，如果籌碼相對集中，拉升速度自然勢如破竹，尤其是法人、大戶、主力認養的股票，不只漲得快，漲勢也凶猛，這就叫「團結力量大」。但是，如果挑選的公司籌碼流通量低，成交量乏善可陳，恐怕要有苦守寒窯的心理準備。除非未來獲利值得期待，否則長期蹲在冷衙門裡也挺無趣的。投資人必須考量機會成本，思考願不願意或值不值得繼續等待。

觀察籌碼面通常包含幾個重點：三大法人、大股東與大戶、券商及散戶等面向，如果投資人對大型權值股情有獨鍾，不妨追蹤外資買賣超個股，但須留意辨識假外資、真外資，也不要將重點放在外資買了哪些股票，而是從外資買賣超個股中觀察產業輪動態勢。

台灣屬於中小企業蓬勃發展的市場，有許多隱形冠軍與具有爆發力的中小型股，想要掌握這些績優飆股，可以觀察投信的買賣超個股動向。投信主要追求超額報酬，所以通常容易追逐高成長、高獲利的飆股，而這類飆股通常是股本較小、流通籌

碼較少，但股性相對活潑的個股。只要有題材、產業正確，多能吸引投信買盤進場。

而投信有數十家，有時作帳、有時結帳，基本上都是媒體穿鑿附會。經理人出身的隊長反而認為，應該要多留意「投本比」，也就是「投信買超占股本比重」這個指標，因此我的專屬 App「產業隊長張捷 - 選股雷達 APP」裡面有一個這樣設計的指標——3 日、5 日的投本比，投信近期剛進來買進，而且占股本相對多、有影響力的，靠這樣來掌握投信動態，勝率可以提高非常多。

認識 3 類擁股市「黑卡」的投資族群

籌碼分析是近年來的投資顯學，易學難精，需要經驗，但是又不能不學。籌碼分析的邏輯十分簡單，就是研究那些「買比較多股票的人」為什麼買？是因為他們知道什麼、看好什麼，才敢砸大錢買股？

買賣股票靠的是真金白銀，想買就真的必須用錢砸，所以敢多買幾張、幾十張、上萬張的人，顯然研究得比較透徹，甚至曉得多數投資人不知道或是還不知道的事情。當這個假設前提

成立時，追蹤「這些人」的買賣超狀況與個股名單就具有重要意義。

好比信用卡額度，有人一出手就是沒有額度上限的「黑卡」，也有人的額度非常「小而美」。那麼，套用到股市買賣，擁有黑卡額度的「這些人」是指誰呢？主要是指三大法人、大戶及主力。

1. 三大法人

俗話說，「錢多聲音大。」而在股市中，三大法人（指外資、投信和自營商）通常就是錢多的代表。不過，一般我不會特別參考自營商買賣動向，因為自營商多是證券公司的自營部門，並沒有明顯的買賣趨勢或邏輯，甚至常常出現今天買、明天賣的超短線操作，流於散戶化，因此通常我主要參考外資跟投信的動態。

外資、投信背後有研究團隊當靠山，加上勤於拜訪公司、蒐集大量資訊，更擅長團體作戰，憑藉產業研究找方向、資訊領先搶先機。因為有研究資料與大量資金支撐，所以外資跟投信基本上就是正統的主力，也就是大資金持有者，追蹤它們的買賣超當然有其意義。而且一般投資人必須不斷地累積經驗，才

能更好地從巨人肩膀看產業脈動與趨勢。

　　舉例來説，當我想要知道近期投信買了哪些股票的時候，我會追蹤「投信法人金流動向」。除了看持股名單、持股增減率，也會觀察我看好的個股是否也在名單內。比方 2022 年 9 月，我主要追蹤宜特（3289）、閎康（3587）、技嘉（2376）、華擎（3515）、微星（2377）、嘉澤（3533）、健策（3653）、和大（1536）、胡連（6279）、創意（3443）、晶心科（6533）等個股動向，因此同步觀察「投信法人金流動向」中的持股比率（詳見表 1）。

　　在這邊有個小小的眉角要提醒投資人，外資或投信買賣超若只看「張數」，容易失真，例如買 10 張 1,900 元的大立光，可以買 1,900 張 10 元股價的股票。一般法人若是買超 1,900 張，很容易登上買超張數排行榜，但是我更在意買賣超「金額」。所以，我每天關注的統計表格有 4 張，分別是「上市外資買賣超金額」、「上市投信買賣超金額」、「上櫃外資買賣超金額」和「上櫃投信買賣超金額」。

　　比方説，我 2022 年 9 月在追蹤台半（5425）、漢磊（3707）、智擎（4162）、閎康這 4 檔個股的動態時，就

會同步觀察「上櫃外資買賣超金額排行」（詳見圖２），依此類推。

　　個股的法人買賣超跟一段週期的法人進出都屬於基本功，建議投資人多看、多觀察，累積一段時間後自然會有心得。

2. 大戶

　　持股多少張可以稱之為「大戶」？一般來說，以成交金額作為判斷通則，高價位股票持有 400 張者為大戶，50 張以下為散戶；中價位股票可以多參考持股 1,000 張以上者為大戶，持股 100 張以下為散戶。簡單來說，總持有公司股票的人數愈多，代表籌碼在散戶手中較多，而 400 張或 1,000 張持有者比率增加，就代表籌碼往大戶手上集中。

　　以前面提到的泰碩為例，我把 K 線圖副圖中「大戶持股」的大戶設定為 1,000 張持有者，以及「散戶持股」的散戶設定為 100 張以下持有者。

　　很明顯，泰碩 2019 年股價上漲的過程中，大戶持有比率從逾 30% 上升到 40% 以上，而散戶持有比率從 40% 下降到 30% 以下，顯見籌碼集中在大戶手上（詳見圖３）。

表1 **留意觀察個股的投信持股比率是否增加**
——投信法人金流動向

股號	股名	投信持股比率增加（%）				
		整體	1日	3日	5日	20日
3289	**宜　特**	**4.22**	**0.96**	**3.39**	**3.39**	**4.22**
4768	晶呈科技	4.87	1.69	1.69	3.03	4.87
3587	**閎　康**	**3.31**	**1.38**	**1.52**	**1.64**	**1.81**
2376	**技　嘉**	**5.17**	**0.52**	**1.28**	**1.69**	**2.60**
4979	華星光	8.17	0.37	1.07	1.83	2.99
1536	**和　大**	**3.47**	**0.23**	**0.88**	**1.04**	**2.38**
5457	宣　德	4.26	0.52	0.81	0.81	0.81
8049	晶　采	0.73	0.13	0.73	0.73	0.73
4551	智伸科	9.73	0.32	0.67	0.45	0.94
6245	立　端	8.01	-0.07	0.67	0.94	0.56
3454	晶　睿	1.07	0.08	0.63	0.63	0.69
3443	**創　意**	**10.52**	**0.48**	**0.63**	**1.24**	**1.27**
1477	聚　陽	5.06	-0.01	0.59	0.75	2.55
3515	**華　擎**	**0.65**	**0.00**	**0.58**	**0.58**	**0.58**
2360	致　茂	1.98	0.11	0.56	0.81	1.15
3533	**嘉　澤**	**11.08**	**0.27**	**0.54**	**0.85**	**2.17**
6279	**胡　連**	**13.46**	**-0.39**	**0.53**	**1.17**	**2.03**
3653	**健　策**	**18.62**	**0.34**	**0.49**	**0.85**	**1.50**
2377	**微　星**	**7.02**	**0.10**	**0.42**	**0.55**	**1.23**

註：1. 資料統計時間為 2022.09.15；2. 資料依 3 日由高至低排序；3.「整體」指 2022.09.15 投信的持股占整體在外流通股本的比重；4. 加粗者為產業隊長當時觀察的個股名單
資料來源：元大證券

圖2　留意觀察個股的外資買賣超金額

◎上櫃外資買超金額排行

名次	股票名稱	買超 買進	賣出	買超張數	買超金額	收盤價	漲跌
1	□ 元太(8069)	3,169	2,187	982	229,059	234.0000	-0.50
2	□ 台康生技(6589)	3,675	1,634	2,041	223,122	107.5000	-8.50
3	□ 力旺(3529)	344	254	90	115,131	1270.0000	-10.00
4	□ 神準(3558)	1,241	679	562	110,912	197.0000	-3.00
5	□ 鈺創(5351)	3,145	671	2,474	96,271	38.8000	-0.85
6	□ 胡連(6279)	2,154	1,692	462	82,089	179.5000	7.00
7	□ 高端疫苗(6547)	1,419	689	730	75,339	102.5000	-4.00
8	□ 創惟(6104)	1,520	813	707	70,888	99.5000	-0.50
9	□ 中天(4128)	4,270	3,340	930	67,323	73.0000	-2.00
10	□ 翔鑫(3680)	439	233	206	58,305	280.5000	-7.00
11	□ 台半(5425)	2,695	2,075	620	53,726	87.4000	2.60
12	□ 健鼎(4114)	2,203	980	1,223	44,618	36.2000	-0.80
13	□ 漢磊(3707)	925	536	389	42,595	109.5000	0.00
14	□ 寶雅(5904)	178	108	70	29,839	432.5000	1.50
15	□ 連展投控(3710)	2,086	144	1,942	28,676	14.8000	-0.35
16	□ 金麗科(3228)	281	203	78	27,049	340.0000	-8.00

◎上櫃外資賣超金額排行

名次	股票名稱	賣超 買進	賣出	賣超張數	賣超金額	收盤價	漲跌
1	□ 信驊(5274)	394	497	-103	-194,334	1860.0000	-105.00
2	□ 保瑞(6472)	593	1,071	-478	-145,679	294.0000	-14.00
3	□ 大樹(6469)	79	592	-513	-145,564	280.0000	-14.00
4	□ 藥華藥(6446)	158	352	-194	-112,516	576.0000	-15.00
5	□ 順邦(6147)	892	2,771	-1,879	-101,569	53.9000	-1.00
6	□ 智擎(4162)	3,656	4,311	-655	-84,650	129.0000	-7.00
7	□ 譜瑞-KY(4966)	355	453	-98	-71,044	722.0000	-16.00
8	□ 愛地雅(8933)	3,832	6,562	-2,730	-63,619	22.9500	0.30
9	□ 合一(4743)	2,330	2,547	-217	-56,569	260.5000	-11.00
10	□ 群聯(8299)	123	305	-182	-53,355	290.0000	-8.50
11	□ 光洋科(1785)	191	1,478	-1,287	-47,608	36.2500	-1.80
12	□ 閎康(3587)	194	517	-323	-46,150	139.0000	-6.00
13	□ 山富(2743)	765	1,266	-501	-38,782	72.7000	-4.40
14	□ 童園(5457)	389	957	-568	-34,843	60.6000	-3.50
15	□ 穩懋(3105)	223	438	-215	-34,089	158.5000	-1.00
16	□ 晟德(4123)	65	716	-651	-32,864	50.1000	-1.20

註：1. 資料統計時間為 2022.09.19；2. 方框中為產業隊長當時觀察的
　　個股名單
資料來源：XQ 全球贏家

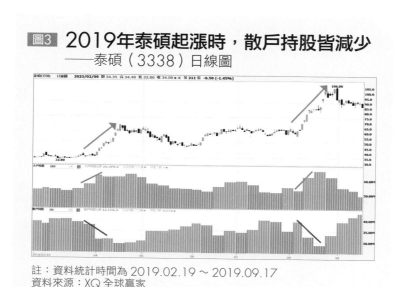

圖3 2019年泰碩起漲時，散戶持股皆減少
——泰碩（3338）日線圖

註：資料統計時間為 2019.02.19 ～ 2019.09.17
資料來源：XQ 全球贏家

3. 主力

主力指的是大量買賣超的券商分點；實務上，主力分點的觀察與追蹤比較複雜，但是可以利用看盤軟體得知「某一段時間」內，特定券商買賣個股狀況。

例如，可以觀察 1 天、1 週、30 天或 90 天內，哪個券商賣最多、賣幾張，哪個券商買最多、買幾張，這些資訊我認為都是觀察重點。換言之，當特定券商有動作的時候，投資人可

以提早察覺，早一步因應。

　　基本上，籌碼分析需要長時間運用與觀察才會有成果。當然，不諱言，還是有主力利用總公司躲藏，或是透過匯撥股票到別的券商交易等方法來躲避追蹤，但是我認為，如果源頭產業的方向跟公司股票都是正確的，只要時間拉長，大資金買盤進場只是時間問題。

先慮敗再求勝
2方式在恰當時機停損

3-3

> 投資者或投機者的最大敵人就是「人的本性」。
>
> ——傑西・李佛摩（Jesse Livermore）

投資多年，就算基本面與技術面功底扎實、股市實戰經驗豐富，甚至投資績效優異，很多時候，成敗的關鍵跟能否戰勝「心魔」，也就是「人性」，關聯甚大。愈是能戰勝人性，愈是有機會累積更高的投資勝率及財富。尤其在股票下跌或上漲的過程中，如何在「恰當的時機」停損或停利，不受心魔或情緒干擾而失了分寸，很是具有挑戰。

俗話說，「賣掉的最飆，沒買的最漲」，一般散戶容易陷入「一念天堂，一念地獄」的糾結中。明明認為某一檔個股趨勢對、產業對、公司體質佳，技術線型也是多頭排列，但是看到

181

股價驚驚漲，甚至不斷創高，還是會有不敢追、擔心買在最高點慘遭套牢、想等拉回再買的人性掙扎，然後看著股價一路向上不回頭。而隊長說，買不下是因為你了解得不夠，抗拒的，是你放不下的心魔！

或者，明明看見手中持股遭法人無情砍單，總想著應該只是拉回整理或暫時的獲利了結，還會再漲上來，等漲上來，或是反彈一下再賣。然後，「眼看它樓起，又看它樓塌」，看著原本帳上的獲利短時間內回到原點，甚至由盈轉虧，然後自己捶心肝。

股價下跌時，依 4 狀況判斷對應策略

一般來說，股價上漲時，大家比較不會有煩惱；然而在股價下跌時，卻有許多投資人會問：「該攤平、停損，忍耐還是換股？」因此下面提出幾個股價下跌時，我常用的操作細節與交易策略，希望對投資人有幫助：

1. 殺完量縮》可攤平

量價分析中，「量為因，價為果。」股價下跌的同時，必須要有很大的成交量出現才能視為止跌，因為巨大的成交量包含

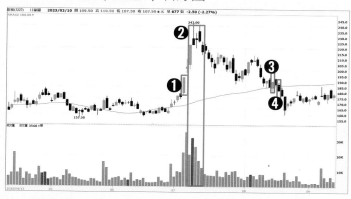

圖1 **2020年7月原相爆量下跌，籌碼已殺出**
——原相（3227）日線圖

註：資料統計時間為 2020.04.13 ～ 2020.09.11
資料來源：XQ 全球贏家

失望性賣壓、停損賣壓，還有看好的人相對多，才能有這麼多
成交量。量一大，籌碼就乾淨了。

以原相（3227）來說，在 2020 年 7 月爆量下殺（詳見
圖1❷）之後，某種程度表示籌碼殺出了。8 月 14 日跌破季
線收腳，一根紅棒留下影線（詳見圖1❸），必須要出大量
才算止跌。但就 K 線圖來看，8 月 14 日及 8 月 18 日（詳見
圖1❹）雖然連續破季線，可是量沒有出來，代表短線會繼

續整理。

　　回顧 2020 年 7 月 6 日，原相出量上攻（詳見圖 1 ❶），一根長紅棒是主力的發動成本，後面從 7 月 7 日到 7 月 15 日，區間成交量大約有 15 萬張，這些量都在套牢區等待解套。所以，只要原相出現大量且下殺，「殺完量縮就可以攤平」。投資人可以運用這一招做出操作取捨，關鍵在於注意上檔成交量是否還套牢著。

　　不過要注意的是，面對已經賠錢的股票，進場攤平前投資人必須要有多一層的思考。例如，若是進場攤平後，「反彈如預期」該如何處理？若是進場攤平後，「反彈不如預期」停損點要設立在哪（詳見圖 2）？

　　「多算勝，少算敗；先慮敗，再求勝」，建議投資人先想好退路再進場投資。很多投資人敗在沒有下苦功認真研究與思考，只憑滿腔孤勇或賭徒式的情緒一路攤平或追高，當然投資之路容易走得艱辛。

2. 不想等待》可換股
　　當持有的股票下跌時，如果投資人不想等待，可以換股操

圖2 進場前應決定若反彈不如預期的停損點
——反彈如預期vs.反彈不如預期的決策流程

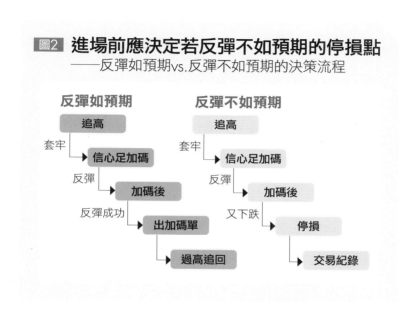

作。也有投資人會等反彈，或者等整理的時候再換股，讓停損金額小一些。

這樣操作無可厚非，但是更積極的投資人通常不會在意虧損，只會在意當下的決策是否正確。

決策的時候不管損益，只管產業、基本面、題材、族群、籌碼、線型，就好像上場打球時，是看投手投什麼球，而不是看

著計分板。

不過在股價向下時換股，務必留意一件事，就是「精準」，因為賣掉賠錢的股票已經生出一個傷口了，所以下一次出手反而要更謹慎，千萬不要落入「聽到就買，想到就做」的陷阱，而是真的必須非常謹慎地出手，才可以扭轉頹勢，重新進入賺錢的正循環。

3. 後續有把握》可以留

當持有的股票下跌時，如果對於個股的後續有把握則可以留。我常說「贏在追蹤，勝在堅持。」如果覺得有把握，可以留著套牢的股票，因為好的股票，有時候只會買貴，不會買錯。

重點是，如果選擇拗單等到底，一定要確認等待的真的是好股票。同樣以原相這檔個股為例，當時我發現法說會後出現10篇左右的法人報告，我花了時間仔細閱讀，再一次跟著法人的角度觀察原相的股本、今明年獲利、歷史本益比區間等資訊，讓自己變成這檔股票的專家。

若是想要拗單、把套牢股留在身邊，關鍵在於了解自己。有的人真的可以忍耐及等待，不在乎帳上虧損，但如果你是那種

天天看盤等反彈，沒等到反彈或解套就嚴重影響生活與心情的人，那麼，你就不適合這種方法。

4. 覺得心煩》可停損

當持有的股票股價下跌時，覺得心煩可以停損。但是，亂砍是情緒，停損是紀律。心煩不能意亂，還是要跟著 SOP 走。

停損虧的錢，一如出國買保險的保費，其實都在保你一命。一般來說，出國一週的旅平險保費大約是 1,000 元至 2,000 元不等，假設阿灶伯買了 2,000 元旅平險，他難道希望飛機掉下來？應該不會吧！

其實，買保險是在買心安，買一個「萬一發生」的保障，並不是希望以小搏大，拼個意外理賠。同理，停損的損失其實不妨看成保險金，是一個保障的概念，也許會賣錯，停損後股票卻飆漲，但也可能避開了後續股票大跌，甚至崩跌到讓人食不下嚥、傾家盪產的嚴重後果。許多鉅額虧損都是因為沒有做好第一時間的停損，這種情況過去有很多歷史經驗可以借鏡，這裡就不一一舉例了。

我常聽到投資人捶心肝說：「早知道就咬牙忍一忍，不停損

了。」其實，停損之後最不應該討論的是「對錯」，反而應該思考的是「紀律」，還有方法、保障跟心安。我認為，應該把停損當作是買保險，留得青山在，未來何愁沒柴燒？最怕虧得連本金都一毛不剩，之後拿什麼「王子復仇」或反敗為勝？

我幫大家試算，從表1中可以清楚看到，當本金虧損的幅度一旦變大，需要靠九牛二虎之力再漲回來。例如當本金虧損10%時，股價要漲11%才能回本；當本金虧損50%，也就是股票腰斬的時候，需要找到漲1倍（即100%）的股票來彌補，或者是這檔股票需要從低檔大漲1倍才能回本。我常說「小傷害隨時翻本，重傷害無法翻身」，就是這個道理。

所以，面對如俄烏戰爭、石油危機、大型災害等系統性風險時只有一招，不囉嗦，先降持股！一旦先減少持股水位，心情就會變得輕鬆，頭腦也會比較清醒，壓力當然也就降下來囉。

停損的關鍵在於第一時間勇敢砍，「寧願賣錯不留錯」，賣完股票也絕不後悔，就算賣股後隔天漲停也不要再糾結後悔，勇敢往前邁進，繼續努力即可。我在第一時間可以冷血砍股，原因在於我從不擔心沒有飆股可以買，而且我對自己「再贏回來」充滿信心，所以我的操作習慣偏向積極停損跟果斷換股。

表1 本金虧損愈多，須獲利更高才能損益兩平
——本金虧損幅度vs.賺回本金所需獲利報酬率

本金虧損幅度（%）	賺回本金所需要的獲利報酬率（%）
10	11
20	25
30	43
40	67
50	100

　　當系統性風險發生時，雖然好產業、好股票跌得少或相對抗跌，但是依然會跌，更何況基本面下修的股票絕對跌得更慘，此時不先減碼減持更待何時？就像是 2020 年 3 月股災、2022 年台股大跌都是如此。

　　在股價下跌之初，必須檢視買進的理由，「跌時重質，汰弱留強」。倘若沒有檢視與判斷的能力，建議手中股票不管賺賠都全面減碼，徹底執行「減碼、減持股倉位、減壓力」原則。面對未知的風險，壓力小了，人性的糾結與情緒因素干擾變小，判斷力自然就變好了。

　　至於股票應該要如何停損？可以採用「絕對金額停損」與

「絕對報酬率停損」這兩種方式:

停損方式 1》絕對金額停損

第 1 種方式是絕對金額停損,投資人進場前先認清自己這筆交易能接受多少損失;這樣一來,心裡有底就會產生信心,相對安心。

簡單的例子就是刮刮樂跟買樂透,多數人進入彩券行買大樂透的時候,心裡其實就已經想好「最壞的情況」;也就是說,買了 500 元大樂透、2,000 元刮刮樂時,很多人心裡設定的停損金額其實是 100%,由於事先早已做好心理建設,沒有期待就沒有傷害,萬一中獎就當「天上掉下來的禮物」,沒有中獎就當是做公益囉。

其實,投資股票同樣適用這個道理,當投資人買進一檔股票的時候,若是心裡已經想好停損金額,例如買進 200 萬元持股,心裡能接受的絕對損失是 10 萬元,那麼就把這個「絕對金額」當作停損點。這個絕對金額跟股票的高低基期有關,也跟個人的風險承受度有關,投資人可以自行拿捏,因為有人可以忍受虧損 50 萬元,有人則是虧 5 萬元就哀哀叫。這個方

式主要是「先慮敗，再求勝」的入市觀念，一旦建立好觀念，心理素質變強，操作績效也會跟著變強！

停損方式 2》絕對報酬率停損

第 2 種方式是絕對報酬率停損，例如設定 -10% 停損、-15% 停損，百分比取決於個人的承受能力。以我自己為例，整戶報酬率達到 -10% 是我常用的「絕對報酬率停損參考點」。

假設同樣持股部位 200 萬元，整戶出現 -10% 至 -15% 報酬率時，也就是虧損 20 萬至 30 萬元的時候，千萬記得停下來檢視究竟是哪些部分出了問題。同時思考一下產業與基本面、題材、族群、籌碼、線型到底哪個環節沒有注意到？有沒有考慮不周的地方？

這時候的心態務必保持「市場永遠是對的」，用最真誠的心尊重市場。千萬不能先抱持「我是對的」的心態，戴上有色眼鏡，只找自己喜歡看的資料來加強自己拗單的信心。

市場永遠是對的，賠錢一定有理由，可能是追高或估錯基本面，或是籌碼面沒人認同。甚至其實基本面都沒變，但問題出

在市場資金撤離、撤退，或者國際局勢動盪、本益比修正等等。股市有太多的風險跟不可預測性，所以，投入市場的第一課就是必須做好心理建設。

我的建議是，假定投資帳戶裡一共買進 4 種產業、各 1 檔股票，每檔股票各買 50 萬元。若有 3 檔賺錢，剩下 1 檔虧損 20%，還是要檢視買進虧損這檔股票的理由，或直接執行「報酬率停損」，不要因為帳上還有其他獲利而輕忽。

再次強調，當盤勢動盪、局勢不明時，記得先降持股，盡早獲利了結。「每天思考停損，停損是全世界最棒的交易工具，要把停損看得跟呼吸一樣自然。」

今天起，不妨先把停損看作是買保險，繳交保險費不是為了拼賠償金，是為了心安，是為了保命，觀念先改變，就少一分風險。

再次提醒投資人：小傷害隨時翻本，重傷害無法翻身，一旦股票跌破季線，就需要謹慎小心，切記「停損是紀律，亂砍是情緒」！守紀律的停損，嚴格的守紀律，遠比恐慌的時候亂砍股票來得高明冷靜許多，留住的獲利也會大幅提升。

依現實狀況判斷、彈性操作

當股價下跌時，建議投資人依照現實狀況下判斷，不要用自己的想像跟期望做決策。投資最忌諱鴕鳥心態或者懶惰不追蹤，台灣是淺碟市場，電子股起伏變動也很大，全世界的股票投資人都需要面對瞬息萬變的市場，沒有「輕鬆錢」可賺。

和大家說一個小故事。相傳古代的時候，有一位叫尾生的人與一名女子相約於橋下碰面，但是女子遲遲未現身。眼看潮水掩面而來，尾生為了堅守信約，於是固執地抱著橋柱等候。結果，尾生就被水淹死了。

這個故事雖然強調堅守信約的重要，但是卻過於不知變通。生死存亡之際當然要當機立斷先離開危險之地再說，畢竟人死了，一切就都沒了。投資股票慘遭套牢時也是一樣，危險來時千萬要動起來思考、做危機處理，不要杵在那裡被動看著本金蒸發。

投資大忌除了「虧損影響判斷與操作」外，另一個就是「急著想賺回來」。一著急，就失去冷靜判斷的能力。所以，提醒投資人千萬要繼續深入研究產業變動與資金流向，操盤與決策

193

時盡量冷血與遵守紀律，而且要不斷思考，不停地兵棋推演跟超前部署，同時要預作「最壞的打算」。

　　投資這條路上，辛苦、疲勞、累是一定的，但汗水最後都會化成超額的報酬。投資是一條印證自己對產業跟基本面認識深淺的路，也是認識自己的過程，愈了解自己的風險偏好、投資屬性、個性、心理狀況等，未來的績效自然愈來愈好。

　　投資沒有對錯，更不需要後悔。停損賣了漲停又如何，買了馬上大跌也不怕，只要功課做得深，選股命中率提高，所有問題會慢慢迎刃而解。退一萬步說，既然所有的決策都不可逆，錢既然不會再回來，那就勇敢地繼續前進吧！

Chapter 4

實戰篇
瞄準產業商機

網通》元宇宙、數位基礎建設帶動設備升級需求湧現

> 投資並非智商 160 一定能擊敗智商 130 的遊戲。
>
> ——華倫・巴菲特（Warren Buffett）

　　股神巴菲特（Warren Buffett）認為，成功的投資生涯不需要天才般的智商，也不需要非比尋常的經濟眼光或內幕消息，需要的只是做出投資決策時的理性智力，以及避免情緒破壞理性智力的控制能力。

　　的確，一如我前面特別提到的，投資過程中，成敗往往不在研究與技術層面，而是避免心魔與情緒壞事的能力。因此，如何避開心理盲點、如何練就防禦力更佳的情商，成為投資人必修的課題，這部分我會在 Chapter 5〈心法篇　克服投資心魔〉中分享我的真實領悟。

　　在進入心理層面之前，選股正確還是重中之重。本書從 Chapter 1 的〈趨勢篇　從總經看行情〉、Chapter 2 的〈策略篇　打底選股功力〉到 Chapter 3 的〈技術篇　提高投資勝率〉，主要站在產業趨勢、選股策略與操作技巧上與投資人分享我的實戰觀點，更細的操盤技巧也可以參考我的第 1 本著作《產業隊長教你看對主流產業選飆股》。

　　操盤技巧一如基本功，放諸四海皆準，但是趨勢與主流產業可能有所變動，直接影響選股策略。歷經 3 年疫情，以及 2022 年各種黑天鵝攪局，雖然多數投資機構認為台股 2023 年「先蹲後跳」，但投資人更應關心哪些產業趨勢可以排在「先發」名單中。

　　前面的章節中我已經提到可以留意 5 大產業：網通、ESG 綠能、電動車與新能源車、半導體高階製程，以及生技醫療，本章我將進一步說明相關產業中有哪些明星股後勢可期。先從網通族群說起。

元宇宙已揭開下一個科技黃金 10 年

　　自從社群媒體龍頭 Meta 執行長祖克柏（Mark Zuckerberg）

將 臉 書（Facebook） 更 名 為 Meta， 正 式 宣 告 元 宇 宙
（Metaverse）時代來臨。

　　美國創投家馬修・柏爾（Matthew Ball）認為，元宇宙的核
心要素包含「數位構成的廣大虛擬世界」、「提供多元使用者
體驗」、「和現實世界相連的數位世界」等，所架構的網路新
世界必定深度連結真實生活。

　　簡單來說，就是元宇宙核心元素包含硬體、運算、連結、虛
擬平台、支付、內容／服務／資產、交換工具與標準，以及使
用者行為改變。當中牽涉的數位科技橫跨或驅動數個範疇，每
一項核心元素或驅動範疇既可獨立，又能相互連結，串聯更多
應用平台與商業模式。

　　研究機構 Gartner 預測，2026 年全球約有 25% 的消費人
口每日投入 1 小時在元宇宙平台，完成購物、工作、社交、
學習等生活大小事。元宇宙結合虛實融合、數位經濟與數位科
技 3 元素，催生各種新的應用模式及新商模。搶攻元宇宙商
機，現在就得提早布局！

　　先把時間拉回 2003 年，美國遊戲大廠 Linden Lab 發行「第

二人生（Second Life）」遊戲 PC 版，玩家可以自創分身，在虛擬世界活出另一種人生；2018 年，電影《一級玩家》的虛擬世界向我們走來，虛實融合的世界歷歷在目，這些場景都是元宇宙的未來想像。

元宇宙強調沉浸式體驗。提到沉浸式體驗，許多人馬上聯想到擴增實境（AR）、虛擬實境（VR）與混合實境（MR），如 3D VR 虛擬看屋、3D 模擬電玩遊戲等，這些技術早已透過微軟（Microsoft）、Meta 等不同領域的技術整合者，實際應用在媒體、娛樂、零售業、製造業、教育、醫療等領域，甚至已經出現數位貨幣與交易，如去中心化的非同質化代幣（NFT）、加密貨幣交易平台 Coinbase 等；透過感測器構建數位模型，還可以模擬預演手術或執行醫療協作、提前發現病灶；數位孿生（Digital Twin）廠房可以模擬生產過程，優化生產及管理流程。

聯發科（2454）董事長蔡明介預測，2040 年 VR、AR 裝置市場可望達 5,000 億美元規模，考量新世代工作、社交、遊戲、消費及金融等平台的使用，整體商機達 8 兆 3,000 億美元。就產業趨勢而言，元宇宙已經揭開下一個科技黃金十年的序幕，一如前面提到的網飛（Netflix）及 Spotify 切入新藍

海商業模式，元宇宙商機與隨之而來的商業應用、供應鏈需求值得期待。

　　隨著網路傳輸內容不斷擴增、形式與平台更為豐富化，傳輸數據量也不斷增加。第 5 代行動通訊技術（5G）作為最新型的移動通信網絡，不僅要解決人與人之間的通信需求，提供穩定的訊息傳輸速率，才能更好地應用於用戶體驗的 VR 與 AR，提升用戶端身歷其境的極致沉浸體驗。

Wi-Fi 5》有助電信商快速建立新服務

　　2019 年，5G 時代揭開序幕，網速 10 倍於 4G，挾高速、高頻寬、低延遲及廣連結等特性，可商用於智慧型手機、物聯網（IoT）、AR／VR、自駕車、智慧醫療等領域。想要透過更高頻波長傳輸更大量數據，5G 使用的頻段扮演重要角色。

　　市場研究顯示，5G 毫米波在 2021 年進入快速發展期，特別是小型基地台、IoT 及射頻元件。除了國際龍頭大廠，台灣的毫米波供應鏈扮演吃重角色，如台積電（2330）、聯發科、日月光投控（3711）等，與射頻及混合訊號測試相關的矽格（6257）、京元電子（2449）等封測廠同步受惠。由

於 5G 基礎建設也需要射頻元件，化合物半導體族群，以及與智慧型手機相關的穩懋（3105）、宏捷科（8086）等供應商預期也將受惠。受惠於 5G 產業發展的相關業者還包含智邦（2345）、建漢（3062）、昇達科（3491）與中磊（5388）。

迎接元宇宙時代，與之相關的科技、商業模式與供應鏈成為投資人關注的焦點，其中，我相當看好 Wi-Fi 5、Wi-Fi 6、光進銅退以及衛星聯網族群。

全球元宇宙基礎設施仍在如火如荼展開，5G 核心網可以更經濟、高效地升級和部署新功能，而且不影響現有服務，就能增加新的網路功能，快速擴充容量、網路多工，軟體升級也無須停機，使電信商能夠快速建立新服務，提供自動化和客製化連網服務。

5G 核心網服務提供更多額外工具，延遲性減少而且可靠度提高，強化使用者體驗。目前電信商推出的吃到飽方案不斷增加 5G 網路覆蓋範圍，同時持續吸收新的 5G 行動用戶入網。2021 年，5G 行動數據流量占比僅約 1 成，預估到 2027 年，5G 行動數據流量占比將成長至 6 成！

Wi-Fi 6》減少壅塞，可優化遊戲串流體驗

　　除了 5G 布建，Wi-Fi 6 主要用於保障區域網路遊戲串流的體驗，相較於 Wi-Fi 5，Wi-Fi 6 最重要的改進就是減少壅塞，而且允許路由器同時與多個設備通訊，比方新加入的多用戶多入多出（MU-MIMO）技術就能夠在多設備前提下營造更穩定的網路環境。此外，電競等網路遊戲當紅，Wi-Fi 6 技術還可以提供遊戲專屬通訊頻道，同時可以為 VR 遊戲提供低延遲的高品質服務。受惠個股包含瑞昱（2379）、正文（4906）、立積（4968）、啟碁（6285）與明泰（3380）。

　　研調機構 MarketsandMarkets 預估，2020 年至 2026 年 Wi-Fi 市場市值將從 940 萬美元成長至 2,520 萬美元，年複合成長率達 17.8%。Gartner 則預估，Wi-Fi 6 的滲透率將自 2019 年的 11% 增加至 2025 年的 99%，成長幅度驚人。

光進銅退》寬頻＋光纖將成主流

　　隨著固網運營商對客戶網路部署，實現「窄帶＋銅纜」主網路轉而走向以「寬頻＋光纖」網路，「光進銅退」成為熱門產業選項。受惠於網通需求逐年成長，網通族群的營收表現不遜

於消費性電子族群，2022 年前 7 月營收持續創高的公司包含啟碁、中磊、智邦及智易（3596）。隨著 2022 年下半年晶片缺料獲得緩解，4 家業者可望更有表現。

根據 Gartner 預估，Wi-Fi 6 企業與中小型商務用戶產值將從 2019 年的 2 億 5,000 萬美元，增加至 2023 年的 52 億 2,000 萬美元，年複合成長率達 114%。國內生產 Wi-Fi 6 相關產品的網通業者包含啟碁、中磊、正文、明泰、神準（3558）、合勤控（3704）等，都有機會受惠於 Wi-Fi 6 企業端產品先行汰換的換機潮，預期熱度可持續 2 年至 3 年。

在關鍵晶片等缺料狀況獲得舒緩下，網通廠在 2022 年可以說是大豐收，年營收呈彈跳式成長，在電子產業中一枝獨秀，比方前面提到的啟碁、智邦、中磊等都成為「500 億元俱樂部」成員。且就 2022 年 12 月營收來看，智邦、中磊、仲琦（2419）都創下新高，明泰創歷史次高，啟碁創史上第 3 高；2022 年第 4 季營收方面，啟碁、智邦、中磊、智易、明泰都創下單季歷史新高，2023 年業績持續看俏。

因為全球積極投入數位基礎建設，5G 通訊、遠端監控、雲端運算等前瞻技術蓬勃發展，帶動網通設備升級需求湧現，尤

其美國的寬頻大基建法案預計補助 650 億美元擴大美國寬頻
網路覆蓋率的商機,預計 2023 年持續發酵,至於中美科技
戰後的去中國化也連帶使台灣網通廠受惠。

熱門指標股 1》智邦

以成立於 1988 年的網路交換器大廠智邦來說,主要從事
企業級與電信級高速乙太網路交換器、無線區域網路產品、
寬頻產品、消費性電子產品製造等業務,是全球最大網通路
由交換器委託設計代工(ODM)廠,市占率約為 30%。近年
公司轉向與軟體廠商進行合作或配合客戶設計的軟體,提供
終端客戶軟硬體整合性產品,客戶包含亞馬遜(Amazon)、
Meta、惠普(HP)、瞻博網絡(Juniper)、中華電(2412)、
凱擘、台灣寬頻通訊(TBC)、華為、阿爾卡特-朗訊
(Alcatel-Lucent)等。

智邦 2022 年 12 月營收達 87 億 7,000 萬元,創下單月
歷史新高,月增為 28.6%、年增 30.5%。第 4 季營收 221
億 9,000 萬元,年增 29.5%,累計全年營收達 772 億元,
年增 29.5%;2022 年 12 月、第 4 季及全年營收都同步刷
新歷史紀錄。智邦預估,2023 年營收仍有維持兩位數成長的
機會,主要動能來自於高階網路交換器市場保持成長、站穩白

牌高階交換器領導地位等，其中，400G 交換器出貨比預估達 15%，智慧網卡等其他產品線及客戶數都將持續成長。

智邦大客戶多為美系大型雲端網路公司，2022 年前 3 季美洲市場貢獻營收達 64%。除了持續投資台灣，智邦計畫前進越南設新生產基地，並規畫 2023 年在美國爾灣（Irvine）設置驗證組裝線，協助客戶驗證需求。

熱門指標股 2》智易

智易成立於 2003 年，是由皇家飛利浦與智邦合資設立，2006 年年初智邦將皇家飛利浦股權買下，成為 100% 持股公司，但在同年 8 月，智邦將智易近 7 成的股權出售給仁寶（2324）。因此，智易現在隸屬於仁寶集團旗下，集團持股約 36%。

智易為網通設備製造廠商之一，從 2012 年轉向直接出貨給電信營運商客戶，已發展為全球最大整合性接取設備（IAD，註 1）製造商，市占率超過 2 成。競爭優勢為深耕歐美主要

註 1：Integrated Access Device，整合性接取設備就是路由器、交換器、數據機與語音網路設備的整合。提供語音與數據整合服務可以降低營運成本，增加新的服務內容。提供整合性接取方案已成為電信業者未來的發展計畫之一。

電信級客戶，借重母公司仁寶集團資源挹注穩健成長，透過與客戶共同開發軟體，加值優化 IAD 產品的附加價值。

　　智易 2022 年 12 月合併自結營收為 42 億 100 萬元，月減 6%，年增 36.4%；累計 2022 年合併自結營收為 471 億 6,800 萬元，創下連續 5 年歷史新高紀錄。2022 年第 4 季合併自結營收為 131 億 9,600 萬元，季增 3.2%，年增 37.7%，創連續 5 季單季新高。展望 2023 年，網通市場在基建、升級等趨勢下，整體動能強勁，智易訂單能見度已達年底，預估整體營運表現更勝 2022 年。

　　由於智易手握美國一級電信營運商客戶，2023 年主要成長動能來自於行動通訊產品；此外，為因應美國市場的高成長，越南二廠預計 2023 年第 2 季投產，產能增加 1 倍。考量全球光纖升級需求強勁、頻寬升級成為後疫時代的新剛性需求，歐美政府更祭出補貼政策以汰換中系網通設備，助長網通產品需求強勁，投資人可持續關注。

衛星聯網或低軌道衛星》掀起太空商機

　　除了 Wi-Fi 5、Wi-Fi 6、光進銅退等族群，隨著元宇宙題

材逐漸發酵與技術應用落地，衛星聯網／低軌衛星（LEOs）也在主流趨勢的大道上奔走。隨著 5G 產業蓬勃發展，低軌衛星商機也讓大家相當期待。低軌衛星指的是運行於低地球軌道（約 300 公里至 1,500 公里高空）的人造衛星，具有較低的傳輸時延，主要應用於通訊傳輸。

美國衛星產業協會（SIA）指出，2021 年全球太空產業規模為 3,860 億美元，其中，衛星產業占 72%；Grand View Research 調查指出，2023 年全球衛星產值達 3,083 億美元。此外，台灣資策會（MIC）預估，至 2040 年，全球太空經濟規模可望突破 1 兆美元，年均複合成長率達 5.1%。

目前全球 4 大低軌衛星營運商包含美國的 SpaceX 及 Kuiper、英國和印度的一網（OneWeb），以及加拿大的電星（Telesat）。大家較有印象的衛星聯網應該是特斯拉（Tesla）執行長伊隆‧馬斯克（Elon Musk）創辦的 SpaceX。

2022 年 8 月 25 日，SpaceX 宣布與美國第 2 大電信 T-Mobile 合作，用戶在 2023 年可使用 SpaceX 第 2 代星鏈衛星網路，還能用 5G 手機撥打衛星電話；SpaceX 已經發射逾 1,800 顆衛星，未來每年平均將發射 2,000 顆至 3,000

顆低軌衛星，由於每顆低軌衛星需使用約 8,600 片太陽能電池片，帶動相關供應鏈供貨量成長。此外，蘋果（Apple）2022 年發表的 iPhone 14 系列手機與新款智慧錶也加入衛星通訊功能，相關技術與應用已逐漸融入日常生活。

　　數據顯示，2023 年全球將有 1,328 顆低軌衛星開始商轉，未來每年龐大的布建商機，台灣供應鏈也有機會共享！台廠供應鏈可切入的商機包含先進通訊射頻與相列陣列天線技術、晶片設計高頻材料、基頻調變、追星控制等系統整合。台灣已有近 40 家業者切入 SpaceX、OneWeb 等多家國際衛星大廠與地面元件供應鏈，台股中的低軌衛星概念股包含前面提到的漢翔（2634）、啟碁、穩懋，還有聯發科、昇達科、華通（2313）、建漢、昇貿（3305）、金寶（2312）、台揚（2314）、同欣電（6271）等。

　　事實上，台灣的科技大廠聯發科 2022 年已成功在實驗室環境測試搭載 5G NR 非地面網路（NTN）衛星連網路的 5G 晶片手機，並完成全球首次連線測試。5G NR NTN 衛星網路行動通訊晶片搭配羅德史瓦茲（Rohde & Schwarz）的低軌衛星通道模擬器及工研院開發的測試基地台，實驗室中的模擬高度為 600 公里、移動速度每小時 2 萬 7,000 公里，

成為智慧型手機支援衛星通訊的先鋒。

熱門指標股》昇達科

昇達科在 2023 年、2024 年的低軌衛星訂單能見度高，包含地面站、使用者終端產品、衛星搭載天線等，並持續有新客戶及新品項認證計畫，預估低軌衛星成長幅度上看 60%。

雲端伺服器》大型雲端資料中心需求仍強勁

雲端資料平台興起後，亞馬遜、微軟、谷歌（Google）等大型企業積極自建伺服器。2016 年至 2021 年間，超大型資料中心便由 338 座成長到 628 座。網通大廠思科（Cisco）粗估，2022 年全球有 48 億人口使用網路，聯網設備有 285 億台，全球網路流量預估為每個月 396 EB（1EB 約為 10 億 7,000 萬 GB）。DIGITIMES Research 研究指出，大型雲端資料中心需求仍強勁，預估全球伺服器出貨量突破 1,800 萬台可期。中信投顧資料顯示，全球伺服器至 2025 年，出貨量約 2,210 萬台，年均複合成長率（CAGR）達 6.8%。

台股中，受惠於雲端伺服器的股票包含緯穎（6669）、嘉澤（3533）、勤誠（8210）、健策（3653）等基本面扎

實的公司。2022年9月前後，運用「祖魯法則」，我鎖定「健策」這檔個股。

熱門指標股》健策

健策成立於1987年，為專業沖壓件製造商，主要產品為伺服器CPU用機構扣件（ILM）、均熱片、陶瓷基板、電動車逆變器絕緣柵雙極電晶體（IGBT）水冷散熱模組、車用LED導線架；客戶包含英特爾（Intel）、超微半導體（AMD）、歐司朗（Osram）、飛利浦（Philips）、微軟、索尼（SONY）、輝達（NVIDIA）等。

過去，健策主要產品為LED導線架，比重通常在50%以上，均熱片則是在2016年以前，主要應用於遊戲機及個人電腦（PC）等成熟領域。隨著技術不斷精進，健策於2017年打入AMD伺服器CPU供應鏈，由於伺服器CPU均熱片面積大且工法較複雜，平均價格（ASP）也相對提升，帶動健策營運不斷成長。

根據法說會資料，2021年健策的產品營收占比為散熱產品（包含均熱片）40%、導線架26%、電子零件（含ILM扣件）23%、通訊連接器3%、其他8%。目前均熱片已成為健策最

大占比產品，未來隨著晶片運算效能提高帶來更多散熱需求，均熱片將成為健策主力成長來源。

從數據面來看，2022 年 8 月健策的合併營收為 11 億2,200 萬元，月增 22%，年增 46.6%。累計 2022 年前8 月營收為 74 億 500 萬元，較前一年同期增加 32.9%；2022 年 第 2 季 營 收 28 億 5,000 萬 元 創 新 高，季 增13.4%，年增 31.4%；2021 年每股盈餘（EPS）9.88 元，但 2022 年光是上半年，EPS 就已經有 8.35 元。將數字套用到「祖魯法則」，更容易確定相關個股值不值得追蹤及投資（詳見 2-2）。

從技術分析角度來看，2021 年 12 月健策股價見高點461 元後便拉回年線測試，之後大致於箱型間整理，下方有季線，上方有月線，型態上仍維持中立，下檔碰年線都有支撐力道（詳見圖 1）。交叉比對健策的營收數據後，我放心將它放進股票池中，後來也有不錯的投資報酬率。

健策的產品線皆屬於未來具有發展潛力的商品，尤其電動車、伺服器是全球趨勢。除了大方向趨勢正確之外，產品本身又具備競爭力，均熱片為台灣少數供應商，在設計、沖壓、電

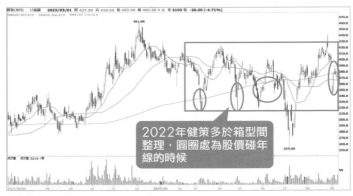

圖1 2021年底，健策見高點後便拉回年線
——健策（3653）日線圖

2022年健策多於箱型間整理，圓圈處為股價碰年線的時候

註：資料統計時間為 2021.06.09 ～ 2022.09.08
資料來源：XQ 全球贏家

鍍等製程較日、美同業更具彈性，未來可望吃下更多市占並向全球第一邁進。

　　此外，因晶片設計愈趨複雜，在效能增強、體積變大的情況下，對於散熱需求有增無減，使得均熱片市場仍在膨脹。且健策 2022 年上半年 EPS 已經快賺超過 2021 年全年，後續伺服器新平台及車用水冷模組放量，營收應會有更亮眼的表現。投資人可以順著健策這檔個股的操作思路走，從產業趨勢出

發，輔以財報、籌碼、線型，找到其他優質中小型飆股。

　　雖然 2022 年起全球總體經濟處於逆風期，受創最重的莫過於消費性電子，但網通產業較不受影響，主要原因是使用網路流量的不可逆與高成長性，隨著後疫情時代基礎設備加速布建，加上缺料問題陸續舒緩，網通產業相當具有發展空間。

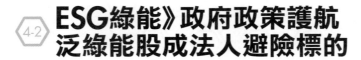ESG綠能》政府政策護航 泛綠能股成法人避險標的

> 如果具備堅定的長期投資理念,那麼短期的價格波動顯得了無新意,除非能藉此以更廉價的價格增持股份。
>
> ——華倫‧巴菲特(Warren Buffett)

　　截至 2022 年年底,全球約有 137 個國家宣示淨零排放,逾 700 家大型企業提出淨零宣言,如蘋果(Apple)、微軟(Microsoft)、沃爾瑪(Walmart)、Nike 及台積電(2330)等。ESG 由聯合國提出,是評估企業符合永續發展目標與否的 3 項指標:Environmental(環境)、Social(社會)及Governance(公司治理,詳見表 1)。

　　歐盟早在 2020 年規定,500 名員工以上的企業需揭露

表1 ESG中的E，代表企業經營應符合環境永續
——ESG定義

Environmental （環境）	企業在環境、生態與氣候面的處理措施，如生產過程碳中和、建構碳足跡、處理排放廢氣及廢水、改用綠能等
Social （社會）	企業在社會面的表現，如重視員工健康與安全、完善勞工權益、維持平等工作環境、杜絕強迫勞動、回饋社會／社區、維繫與客戶的良好關係等
Governance （公司治理）	企業經營面的表現，如內部管控、管理供應鏈、資訊透明、股東權益、保障利害關係人利益、保持商業倫理等

ESG 績效，該項指令於 2023 年擴大適用於員工達 250 名以上的企業。為達成 2050 年淨零碳排永續目標，全球企業紛紛走向碳排揭露、制定碳權與碳價，以及收取碳稅之路。因此，評估企業優劣的標準不再只限於財報數字，還有 ESG 績效，企業唯有具備完善的 ESG 策略，才能適者繼續生存。

ESG 與環保、節能減碳有關，並包含能源轉型議題，隨著全球「2050 年淨零碳排」的腳步逼近，綠能、綠電成為重中之重，帶動 ESG 綠能產業與供應鏈身價水漲船高，也是站在趨勢浪頭上的「明日之星」。ESG 綠能與 4-1 提到的網通一樣，處於高需求、高成長階段，商機無限，因此也成為我特別

關注的產業族群。

不僅再生能源受關注，電池、儲能長線也看多

國際能源總署（IEA）在《2022 年再生能源報告》中指出，未來 5 年全球再生能源裝置容量將增長近 1 倍，可望超越燃煤，成為最大的電力來源；氣候能源智庫 Ember 資料顯示，全球 3 成電力來自綠色能源，愈來愈多國家走向能源轉型，以太陽能、風能、生質能等再生能源作為替代品。因此，太陽能發電、風電、再生能源與電池、儲能的長線看多格局不變。

加上 2022 年發生俄烏戰爭，引發能源危機，各國加速建置再生能源，與能源、儲能、重電等泛綠能題材相關的個股，在 2022 年一波股價走跌的過程中相對抗跌，下半年甚至逆勢創高，如中興電（1513）、華城（1519）、盛達（3027）、廣錠（6441）、裕隆（2201）等個股表現不俗，茂迪（6244）、台勝科（3532）、世紀鋼（9958）、中美晶（5483）、嘉晶（3016）、台玻（1802）、國碩（2406）等泛綠概念股也同步表態，法人買盤相當積極。

因為淨零碳排具有全球趨勢性與需求急迫性，各國在緊鑼密

鼓展開能源轉型的過程中，也推動不少政策護航。在各國政府政策支撐的激勵下，泛綠能個股也成為法人避險的標的，長期走勢偏多。

以美國為例，總統拜登（Joe Biden）早在當選前已提出 2 兆美元的乾淨能源（綠能）計畫，提供再生能源稅收減免、零碳工業政策等計畫，另外也做出承諾：2035 年讓美國發電廠達成無碳發電，以風力或太陽能取代煤炭發電，2050 年成為 100% 採用再生能源的經濟體。此外，美國耶魯大學（Yale University）與喬治梅森大學（George Mason University）調查顯示，逾 70% 的民眾支持 2050 年以前禁止包含電力、建築、交通與工農等部門使用石化燃料。

台灣同樣力拼 2050 年達成淨零碳排目標，推動 12 項關鍵戰略（詳見圖 1），「淨零排放轉型路徑」圍繞能源轉型、產業轉型、生活轉型、社會轉型等 4 大轉型策略及科技研發、電力系統與儲能、碳捕捉利用及封存，加速推動淨零轉型。

國發會則指出，推動「12 項關鍵戰略」可減少 7,200 萬噸至 7,600 萬噸的碳排量，相當於 2020 年 29% 的碳排量，預計自 2023 年至 2030 年將可帶動約新台幣 4 兆元以上的

民間投資、創造 5 兆 9,000 億元產值,以及 55 萬個淨零轉
型就業機會,更有助太陽光電、風電、電動車、儲能設備等 4
大供應鏈的形成;節能部分透過 6 大工業製程改善、家戶與
商業設備汰換與導入能源管理系統的推動,預計產值應可達
5,500 億元。

　　在戰爭、通膨與政策推波助瀾下,順著圖 1 的 12 項關鍵
戰略走,可以從中梳理出值得關注的公司。我個人長期留意
ESG 綠能概念股,對於綠能帶動的商機與公司業績成長性相
當看好,如高力(8996)、中興電,2022 年表現氣勢如虹。

熱門指標股 1》高力

　　高力的全名為「高力熱處理工業股份有限公司」,成立於
1970 年,主要生產板式熱交換器(熱泵)、熱處理加工產品、
燃料電池熱反應爐(Hotbox)、資料中心伺服器液冷散熱系
統(浸沒式 CDU)。

　　2021 年高力的營收與產品占比中,板式熱交換器約占
50% 至 55%,熱能產品(含熱反應爐)約占 45% 至 50%,
是全球前 5 大熱交換器廠商。因此,高力本身具有多種題材,
如能源概念、電動車概念、燃料電池概念、氫能源概念車等。

圖1 **台灣淨零轉型包含節能、綠色金融等**
——台灣2050淨零轉型12項關鍵戰略

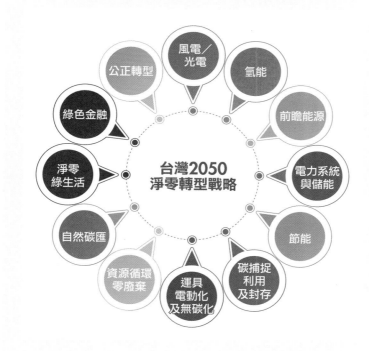

　　客戶部分，高力為美國燃料電池大廠 Bloom Energy 的主要供應商（占60%），主要生產 SOFC 熱反應爐，再供給蘋果、沃爾瑪、谷歌（Google）、eBay、可口可樂（Coca-Cola）

的發電系統使用，燃料電池應用未來將擴大至電動車、定置發電機及攜帶式電子產品。

高力具有「液冷散熱產品、熱泵熱能產品、熱處理加工與燃料電池」3 大產品線，詳細分析如下：

1. **液冷散熱產品**：高力為中國阿里巴巴的供應商，於 2016 年杭州市餘杭區（西溪）資料中心小規模導入「雙相式」浸沒式液冷技術進行實驗測試，資料中心液冷分配器產品持續批量出貨，同時持續送樣美系及日系客戶。此外，英特爾（Intel）宣布在台推出首款 Open IP 資料中心浸沒式液冷完整方案及參考設計，並規畫斥資 7 億美元在美國建立巨型實驗室，攜手供應鏈夥伴大搶液冷資料中心商機，預期台灣的伺服器廠也將受惠。

2. **熱泵熱能產品**：用於冷凍空調、飲水機、石化工業、藥品及食品工業等，客戶包含大同（2371）、日立、東元（1504）等。未來可擴大至車用小型空調、遠洋漁船用海水淡化設備、太陽能及地熱集熱系統等。由於實現碳中和的重要路徑之一是建築供暖電氣化，高力的熱泵技術可以利用少量電能及其他能源驅動熱泵系統，實現空氣熱能、地熱能等環境熱

能的高效利用，具有節能、環保、低碳等優勢。

隨著全球陸續針對熱泵技術推出補貼政策，熱泵市場可望迎來新的產業拐點，如英國政府發布《供熱與建築戰略》，其中包含 39 億英鎊資金用以支持低排放家庭，包括支持用更清潔的替代品更換燃氣鍋爐的新一批撥款。此外，英國政府決心到 2035 年停止銷售主要使用天然氣的燃氣鍋爐，並用低碳替代品取而代之。德國則提出在 2045 年實現碳中和目標，政府提出 10 項行動建議，最引人注目的是在 2024 年禁止新房安裝燃氣壁掛爐，以及 2045 年前安裝 1,400 萬套熱泵地暖機產品。

3. 熱處理加工與燃料電池：高力是 Bloom Energy 代工燃料電池反應爐的主要供應商，而 Bloom Energy 與南韓 SK 集團已簽訂價值 45 億美元的氫燃料電池設備和服務合約，對高力的業績助益預計將延續到 2024 年年底。

綜觀上述可知，高力屬於特殊的隱形冠軍，不論是液冷散熱、換鍋爐的熱泵熱交換器，還是燃料電池的交換盒，都有明確的產業趨勢做支撐，因此買盤持續湧入，股價屢創新高（詳見圖 2）。

熱門指標股 2》中興電

中興電於 1956 年創立，聚焦多角化經營穩健成長的國內重電、工程、停車管理業務，發展全球六氟化硫氣體絕緣開關（GIS）重電設備、製造業務（含五軸龍門機床）及微電網（Micro Grid）等 3 大業務，是全球唯一具備氫燃料電池及智慧型微電網技術的重電設備大廠，擁有整合旗下各品牌的實力，可滿足未來電動車時代所需電能，也是國內唯一通過國產化 345kV（千伏）電壓等級高壓氣體 GIS 設備的合格廠商。此外，中興電首創國道超充站導入智慧電網系統，以氫燃料電池作為創能來源，氫燃料電池已被全球 8 家電信業者認證。

近年來中興電積極切入電動車市場，布局充電樁、充電站，相繼拿下第 1 期國道休息站服務區電動車充電站（共 4 站），以及第 2 期國道高速公路服務區充電站 8 年經營權，總計已拿下國道 10 個休息站的充電站經營權，握有「插槍即充」的服務功能，是目前國內唯一可做到此項規畫的業者，並以自有品牌 iCharging 營運電動車充電站。

iCharging 預計設置單樁 350kW（千瓦），全台已有 17 個 iCharging 站點的 DC 直流快充站支援插槍即充，是台灣除特斯拉（Tesla）之外，第 1 家支援隨插即充的充電服務商。

圖2 **2022年以來，高力股價屢創新高**
——高力（8996）日線圖

註：資料統計時間為 2022.02.18 ～ 2023.02.22
資料來源：XQ 全球贏家

中興電也是一檔集多種題材於一身的投資標的，如重機、電力設備、電動車、電動車充電、太陽能、智慧電網、燃料電池、氫能源車、儲能系統等概念。

由於台灣近年來大力推動再生能源，台電順勢推動電力電網分散化、強固化與韌性化工程，因此釋出大筆氣體絕緣開關訂單，中興電在超高壓 345 kV 的 GIS 順利取得高達 160 億元的訂單，預計未來數年內陸續交付。

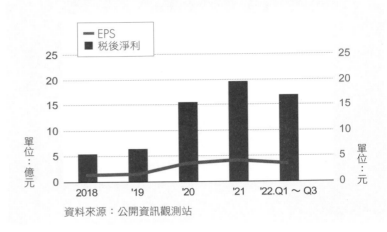

圖3 **中興電稅後淨利逐步走升**
——中興電（1513）近5年稅後淨利和EPS

資料來源：公開資訊觀測站

目前中興電 GIS 及工程統包在手訂單約達 250 億元，主力產品 345kV、161kV 的氣體 GIS 在台灣市占率最高，長期接單無虞。為擴大 GIS 產能，中興電 2022 年陸續斥資 11 億4,000 萬元購地蓋廠，包含桃園華亞科技園區、嘉義馬稠後產業園區等處，預估未來稼動率可提高至 160%。

至於太陽能光電售電事業，中興電投資的台南市七股案場是台灣最大的地面型太陽能案場，總建置容量約為 216 MW

（兆瓦）。

　　就財務面來看，中興電 2022 年前 3 季稅後淨利達 16 億 8,300 萬元，年增 23.1%，每股盈餘（EPS）為 3.6 元，獲利創同期新高（詳見圖 3）。法人預估，中興電 2023 年營收可望較 2022 年持續成長，並有機會超越 200 億元的歷史新高。

電動車與新能源車》導入新科技 銷量呈雙位數增長

> "
>
> 有人可以今天坐在樹下乘涼，是因為他在很久以前種下一棵樹。
>
> ——華倫・巴菲特（Warren Buffett）
>
> "

　　延續 ESG 綠能全球大趨勢，電動車與新能源車在 2050 年前將逐步取代燃油車，商機自然不容小覷。日盛投信預估，2023 年電動車仍能維持 33% 的增長，全球電動汽車銷量預計 2023 年將同比增長 20%，達 4,628 億美元規模；投信法人觀察產業面表現，認為包含電動車在內的整車、電池及電控相關軟體都具有一定的成長性，長線看好。

　　另一方面，全球市場研究機構集邦科技（TrendForce）旗下拓墣產業研究院報告顯示，受惠於車聯網蓬勃發展，具備聯網

功能的車輛占比持續提升，預估 2025 年聯網汽車的數量近 7,400 萬輛，滲透率達 80%。

全球車輛產業朝聯網科技、自動駕駛和電能驅動等方向前進，促使各車廠積極導入新科技，同時逐漸將傳統零件電子化，目前新型車款的電子系統約占整車成本的 40%，隨著自駕技術逐漸朝 Level-4 靠攏，波士頓顧問集團（BCG）預估，2025 年自駕車市場產值估計達 420 億美元，2035 年可望占全球汽車銷量的 25%，因此，智能車的長線商機也相當令人期待。

事實上，智能車就是電動車或新能源車搭載人工智慧（AI）、大數據（Big Data）與各式感測技術等先進科技的成果，隨著車聯網網網相連、雲端運算與邊緣運算的整合運用，加上 5G、Wi-Fi 5 與 Wi-Fi 6 聯網技術相互支援，串聯龐大的未來商機。

電池》電動車心臟，為整車成本最高零組件

走過逾百年的燃油車發展史，如今時代的巨輪朝電動車邁進，動力電池也成要角，主因是電池模組是整車成本最高的核

心零組件，成本比重約達 35% ～ 40%，堪稱「電動車心臟」。

由於市場加速推動綠能發展，如 2022 年美國加州推升 2035 年禁售燃油車，將加速電動車產業高速成長，相關零組件也可望受惠。

1. 三元鋰電池

三元鋰電池是以鋰離子二次電池（簡稱鋰電池）的正極材料為命名，材料包含鎳鈷錳酸鋰或鎳鈷鋁酸鋰等三元聚合物。「三元」是指包含鎳、鈷及錳（或鋁）3 種金屬元素的聚合物，可藉由正極材料中這 3 種元素的不同混合比例，調整電池成本與所需電化學性質。

三元材料具有優異的高比容量、高標準電壓、高壓實密度以及低溫性能，成為最具發展前景的新型鋰離子電池正極材料之一。由於電動車三元鋰電池具有能量密度高、體積小、續航距離長等優點，受許多車廠青睞。

2. 磷酸鐵鋰電池

磷酸鐵鋰電池是一種使用磷酸鐵鋰作為正極材料的鋰電池，具有容量大、重量輕、耐高溫等特色。TrendForce 認為，磷

酸鐵鋰電池憑藉性價比優勢，在未來 2 年至 3 年之間可望成為電動車應用主流，預估 2024 年磷酸鐵鋰電池與三元鋰電池在全球裝機量的比例上約為 6：4。擁有磷酸鐵鋰正極材料的個股，如長園科（8038）、立凱 -KY（5227）、新盛力（4931）、AES-KY（6781）、興能高（6558）等，將因而受惠。

熱門指標股 1》AES-KY

以成立於 2020 年的 AES-KY 為例，主要業務為動力鋰電池的研發、設計、生產和銷售，擁有獨立的研發、採購、生產和銷售體系。由於 AES-KY 的電動自行車、資料中心 2 大主力市場同步成長，鋰電池在資料中心備援電池的滲透率也可望逐漸拉升。目前 AES-KY 營收最吃重的產品應用仍為電動自行車（E-Bike）市場，營收占比約 75%。

法人指出，AES-KY 的資料庫備援電源系統應用客戶仍以亞馬遜（Amazon）與微軟（Microsoft）為主，短時間內暫無打入谷歌（Google）與 Meta（臉書（Facebook）母公司）供應鏈的跡象。AES-KY 正逐步與電動車專業代工（OEM）廠展開送樣與驗證工作，相關產品可望於 2024 年開始小量貢獻營收，2025 年營收占比約為 5%。

2022 年前 3 季，AES-KY 的累計獲利為 24 億 9,800 萬元，年增 37%，每股盈餘（EPS）為 29.25 元。AES-KY 主要產品為 E-Bike 電池，加上資料中心備援電池（BBU）具有未來題材，儘管該公司尚未正式切入電動車電池，仍吸引資金簇擁。鑑於輕量型電動載具需求持續暢旺，加上 BBU 出貨穩定、需求不減，2022 年前 3 季 BBU 營收比重近 20%，AES-KY 獲利更上一層樓。

展望 2023 年，AES-KY 的 BBU 產品占比可望突破 20%，成為未來營運成長重要動能。此外，AES-KY 將持續開拓新客戶並擴增市占率，研發能力與一站式客製化解決方案優勢可望挹注未來長線獲利。法人預估，未來數年環保意識及運動健身蔚為風潮，以 E-Bike 為主軸的綠能事業成長動能強勁，可望為 AES-KY 帶來營運動能。

熱門指標股 2》精確

成立於 1991 年的精確（3162），主要產品是汽車鋁鑄件；其中，電動車電池保護盒上下蓋產品已經成為中國自主品牌車廠最重要的供應鏈，訂單包含全球電池大廠寧德時代、長城汽車旗下的蜂巢能源、億緯鋰能等；新創電動車車廠如小鵬汽車與小米所開發的電動車，都是找精確合作開發電池保護盒關鍵

零組件。

台商第一大汽車零件廠敏實集團於 2017 年入主精確，3年疫情衝擊導致全球汽車銷售大幅衰退，但是精確卻能一路逆風成長，到 2022 年全年營收年成長為 80%，是法人列為重點關注的電動車零件公司。

精確單月營收約 2 億 5,000 萬元開始損益平衡，月營收達3 億元一定獲利，毛利率約為 20%。只要產量開出來，產量愈高，毛利愈好。不過因為電池盒和母集團敏實集團有競爭關係，所以精確沒有繼續擴廠的計畫。以現有產能來看，精確的電池盒年營收可達人民幣 10 億元左右，目前手上訂單多到難以消化。

精確已取得中國新能源車訂單，按產品生命週期（約 3 年至 4 年）共人民幣 78 億元計算，法人保守預估 2023 年營收將翻倍，約達人民幣 10 億元（約合新台幣 48 億元，2022 年全年營收為 24 億 3,200 萬元）。此外，預估電池盒訂單約有人民幣 10 億元收入，再加上塞爾維亞廠人民幣2 億元訂單（歐洲車廠福斯汽車（Volkswagen）電動車 MEB平台的鋁電池盒供應），合計約為人民幣 12 億元（約合新台

幣 60 億元）。

　　至於產能規畫，中國廠產線出貨給中國客戶，塞爾維亞廠出貨給歐洲客戶。

　　精確目前大舉投資，中國與東歐新廠正式量產，業績貢獻度倍增，公司預估 2025 年營收可望挑戰百億元。

新能源車》2023 年全球出貨量估達千萬輛

　　2021 年全球電動車銷售量創歷史新高，達 660 萬輛；2022 年電動車全球銷量持續飆漲。研究機構 TrendForce 預估，2023 年新能源車（含純電動車、插電式混合電動車、氫燃料電池車）全球出貨量將達年產 1,450 萬輛。

熱門指標股》裕隆

　　受惠於各國電動車政策加持，自 2022 年第 3 季以來，特斯拉（Tesla）、比亞迪、福特（Ford）、賓士（Benz）等車商都繳出亮眼成績單。裕隆（2201）受惠於新能源車、資產開發等題材發酵，加上防疫險理賠負擔趨緩，以及新店裕隆城、鴻華先進規畫首季在創新板掛牌、車價調漲等利多，買盤

圖1 **裕隆2023年年初股價漲至71元**
——裕隆（2201）日線圖

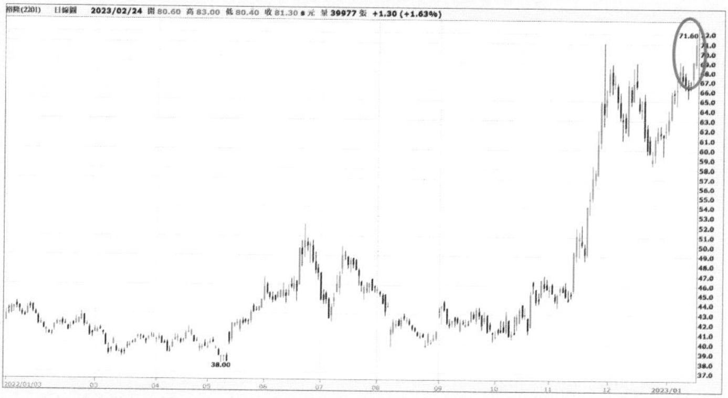

註：資料統計時間為 2022.01.03 ～ 2023.01.17
資料來源：XQ 全球贏家

積極，2023 年 1 月 17 日盤中股價來到 71.6 元，終場收在
71 元，上漲 1.8 元，漲幅 2.6%，創下 11 年來新高價（詳
見圖 1）。

　　2022 年裕隆集團首款電動車納智捷 n7 預售接單成績亮眼，
新店裕隆城商場 2023 年第 3 季開幕後可望貢獻穩定租金收
益，法人預期轉投資的新安東京海上產險擺脫防疫保單鉅額賠
付損失後，新年度財報可望轉虧為盈。

　　另外，裕隆與鴻華先進合作開發的第 1 款電動車納智捷 n^7 網路預購已取得 2 萬 5,000 張訂單，未來透過鴻華先進接單，裕隆代工，可望打入新能源車市場。

　　另一方面，2022 年第 3 季幾大車廠繳出亮眼成績，但特斯拉股價卻反常跌至 2 年來低點。

　　分析師認為，特斯拉股價下修理由主要導因於市場擔心馬斯克（Elon Musk）入主推特（Twitter）後工作重心轉移；二是特斯拉屢傳召修事件；三是中國疫情升溫，出貨恐受阻，加上車價大幅降價進而影響其獲利。

　　未來，在全球車廠陸續推出電動車的競爭下，特斯拉獨占鰲頭的狀況可能會有所轉變，對台灣鴻海（2317）、裕隆的 MIH 聯盟可能是利多，預估裕隆 2023 年全年 EPS 上看 6 元以上。

車用二極體》電子設備大幅增加，帶動需求

熱門指標股》台半

　　台半（5425）為國內最大整流二極體廠，主要生產整流二

極體、電源管理 IC、靜電保護元件、車用金屬氧化物半導體場效電晶體（MOSFET）、絕緣柵雙極電晶體（IGBT）、TVS 與蕭特基二極體。

二極體主要功能為將雜亂的電流電壓，轉換成穩定及特定參數的電流電壓，供給各類電子產品使用。新能源車因為動力從燃油轉為馬達、電池，除了電子控制裝置大量提升之外，也因新能源車的各種新型電子設備應用，帶動二極體的需求。

車用市場因安全考量，認證嚴格，完成認證的時間甚至須以年來算。一旦通過認證，車廠通常不會輕易更換供應商，且車用產品的週期一般都較消費性電子長，訂單較穩定長久。

台半耕耘車用電子市場已有數年時間，客戶包含多家 Tier 1 電動車供應商，包含寧德時代、比亞迪、博世（Bosch）、電裝（DENSO）、德國馬牌輪胎（Continental）等。台半以車用及工控為公司業務主軸，目前車用＋工控占營收 70%，消費性降到 30%。

財務面來看，台半 2022 年全年營收 157 億 6,300 萬元，年增 19.8%。2022 年第 3 季累計毛利率 34.2%，已較

2021 年全年毛利率增加了 2.9 個百分點。2022 年第 3 季累計 EPS 5.03 元，年增 104.47%。旗下 6 吋晶圓廠過去須折舊且產能不夠導致虧損，2023 年 1 月已經開始看到損益平衡，準備開始正面貢獻獲利。

晶圓代工二哥聯電（2303）似乎也看到了台半的車用商機，2019 年聯電透過子公司宏誠創投認購台半私募，持有台半 2.7% 的股份，雙方合作開發車用／工控 40V、60V 的 MOSFET 已量產出貨，2023 年下半年將有 80V、100V 產品送樣。

當初在消費性產品最缺貨的時候，台半堅持轉型布局車用，如今也展現出成果。公司看好未來汽車自動化、電氣化、智慧化的趨勢，將為車用半導體帶來強勁的成長動能。

半導體高階製程》晶片自主化 鎖定IP設計、貿易戰受惠股

> 當市場下跌時，你輕易地將好東西打折賤賣，一旦市場向上，想再買回來卻是難上加難。
>
> ——華倫・巴菲特（Warren Buffett）

　　2022 年 10 月，美國為鞏固科技霸權，祭出《晶片法》，除了嚴格管制美企對中國出口高階半導體技術、元件與設備，也企圖阻止中國取得先進晶片製造不可或缺的關鍵技術與設備，同時拉攏台灣、南韓、日本組成「晶片四方聯盟」（Chip4），對於半導體業的產業復甦與長期經濟發展造成影響。隨著全球晶片龍頭大廠台積電（2330）赴美設廠，拉開下一波全球半導體爭奪戰的序幕！

　　不只美國，日本、中國、歐洲各大國家都將「晶片自主化」

列為國安政策，傾國家之力祭出高額補貼，希望打造自有半導體供應鏈。

台灣定位為「亞洲高階製造中心」

不論是前面提到的元宇宙商機或 ESG 綠能、電動車大趨勢，「晶片」都扮演關鍵角色，尤其是高階晶片。台灣政府也積極協助各產業導入人工智慧（AI）、物聯網（IoT）、5G 等智慧科技，並將台灣定位為「亞洲高階製造中心」，搶占全球供應鏈核心地位。因此，在趨勢與政策推動下，高階半導體具有投資價值無庸置疑。

台灣在這波晶片戰中無疑具有極大的優勢。英特爾（Intel）執行長季辛格（Pat Gelsinger）在 2023 年 1 月的世界經濟論壇（WEF）中表示，過去 30 年，美國、歐洲的半導體產能高達 80% 轉移至亞洲，全球大部分的高階晶片集中在台灣生產。

此外，新冠肺炎疫情（COVID-19）爆發及地緣政治風險升溫，造成全球晶片供給短缺與供應鏈危機。為解決此一問題，同時減少對台灣的依賴，相關半導體廠紛紛投入資金設廠以擴

大產能，但可能需要花數十年時間才能解決此一問題。

半導體產業未來如何洗牌還在未定之天，短期內因為景氣與庫存去化問題可能造成半導體需求減緩，但就長期趨勢來看，台灣的半導體供應鏈仍具有關鍵優勢是不爭的事實，尤其與高階製程相關的族群，除了台積電、聯發科（2454）等龍頭業者，不妨鎖定半導體上游矽智財（IP）設計（詳見圖 1）、中美貿易戰衝突受惠概念族群，如創意（3443）、威盛（2388）與晶心科（6533）。

半導體產業鏈上游為 IP ／ IC 設計及代工服務產業；中游為 IC ／晶圓製造、相關生產製程及檢測設備、光罩、化學品等產業；下游為 IC 封裝測試、相關生產製程及檢測設備、零組件（如基板、導線架）、IC 模組、IC 通路等。在 IC 設計公司完成產品設計後，委由專業晶圓代工廠或垂直整合製造（IDM）半導體廠製作晶圓半成品，經前段測試後再轉給專業封裝廠進行切割及封裝，再經專業測試廠進行後段測試，最後由銷售管道售予系統廠商裝配、生產成為系統產品。

IC 設計居於 IC 產品的源頭，IP 則是 IC 設計的智慧財產權。IP 開發流程包含 IP 設計與 IP 驗證，IP 核心再利用可以有效縮

短產品開發週期,降低成本。由於 IC 設計功能與技術製程各不相同,各公司必須提供的 IP 種類太多,進而產生專門從事 IP 設計的公司。

熱門指標股 1》台積電

　　一家公司有世界級的影響力已經實屬難得,但若有一家公司,獨家掌握了全球最先進的晶圓製造技術,讓全世界最頂尖的 IC 設計廠只能依靠它,連輝達(NVIDIA)執行長黃仁勳都說:「除了這家公司,我們沒有 PLAN B。」當台灣發生地震或停電時,國際通訊社的第 1 通電話不是打給總統府,而是打給這家公司。這家公司的獨霸技術,甚至在台灣建立起了無形的「矽盾」保衛台灣的地位。它,就是台灣人心中最高的那座護國神山——台積電。

　　台積電在 1987 年由張忠謀創立,是世界第 1 家從事純晶圓代工的公司,在當時 IDM 當道的時候並無人看好。蘇美冷戰後,美國矽谷崛起一群有設計能力卻沒錢蓋廠的創業家,台積電不設計、不生產、不銷售自有品牌產品的獨特代工模式,正好和這群年輕創業家互相扶持,一同茁壯。

　　2000 年,台積電在銅製程與聯電(2303)拉開差距;

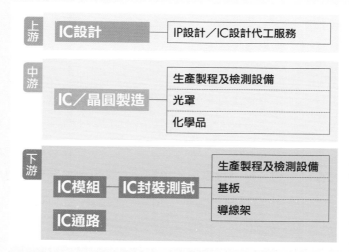

圖1 IP設計居於半導體產業鏈中的上游
——半導體供應鏈示意圖

資料來源：產業價值鏈資訊平台

2009 年逆勢投資擴廠；2010 年選擇 Gate Last 的 28 奈米製程，在效能上把對手拋到腦後；2013 年正式接單蘋果（Apple）晶片……。

台積電一路前行，目前已是全球最大晶圓代工廠，市占率 52.1%，2022 年全年營收 2 兆 2,600 萬元，全球市值名列

第 8。

　　展望 2023 年，總裁魏哲家預期台積電全年營收仍將成長，上半年預計年減 4% ～ 9%，下半年恢復成長，顯見台積電本身的競爭力，在產業大逆風中仍可堅挺。

　　在晶片自主化浪潮下，台積電持續精進技術，2023 年資本支出為 320 億美元～ 360 億美元，其中 7 成將用於先進製程，2 成投入特殊製程，1 成用在先進封裝。憑著獨步全球且持續精進的技術，台積電不但不會被孤立，反倒是全球巨頭捧著補助爭相邀請台積電來設廠，目前已在美國亞利桑那州建 4/3 奈米廠、在日本熊本和 SONY、電裝（DENSO）合資建設 22/28 奈米廠，市場也傳出未來台積電將在德國設廠。

　　台積電一方面透過設廠來滿足世界晶片自主化的趨勢，另一方面將最先進的技術留在台灣，2022 年年底 3 奈米正式在台灣開始量產，目前訂單已滿載，全年預計可貢獻中個位百分比，2 奈米預期也將在 2025 年於新竹及台中兩地投產。

　　從台灣的台積電，轉變成世界的台積電，除了有先進製程技術之外，生產地區的彈性也是其價值的一環，未來定價將可以

反映其價值，毛利率 53% 以上仍為長期可達成的目標。

熱門指標股 2》上品

上品（4770）為氟素樹脂（PTFE，俗稱鐵氟龍）生產商。一個常見的鐵氟龍，為什麼成為台積電全世界設廠一定要帶上的夥伴？原因是半導體製程中對原料的純度要求極高，必須完全避開金屬離子以免產生化學反應，而氟素樹脂具有抗酸鹼、不溶於溶劑等特色，所以半導體廠內所使用的管線、槽車等運輸、儲存設備，都需要裹上一層氟素樹脂，避免溫度交換、反應或吸收。運輸過程中要做到毫無雜質，技術自然不是一般廠商可以輕易切入的，更何況晶圓製程成本極高，材料一旦遭汙染就損失慘重。

上品是全球極少數能同時滿足各階段設備、製造、研發、創新、設計等完整服務的公司，電子化學品等級氟素樹脂槽車內襯市占、產能均為全球第 1，在台灣沒有同樣能力等級的公司。基本上，上品一次滿足隊長「基本分析七龍珠」中的 5 項基本指標──有新產品、新市場、寡占／獨占、成長大、國際級大客戶。日本的競爭者華爾卡（VALQUA）與太陽氟素（SUN FLUORO SYSTEM），主要材料和板材靠大金（DAIKIN），只能做標準品。上品自做板材，可以依不同品

項調整材料，杜邦（DuPont）／科慕（Chemours）在產能和獨有的高階材料能支持上品，從配方、原料掌握更高的競爭力，也難怪上品的毛利率能達到 45% 以上的高水準。

　　台積電在美國建廠，建廠時的氟素樹脂內襯、管材需求巨大，周邊電子及化學品供應鏈同步擴產以因應需求，帶動上品訂單滿手。而部分沒有跟上前往美國建廠的化學品廠，仍因台積電為掌握化學品品質，將部分化學品從台灣海運至美國亞利桑那廠，海運過程就需要大量使用到上品的槽車。同時因為美國距離遙遠，交通不若台灣科技園區方便，化學試劑安全庫存備貨量由以往 2 ～ 3 週，拉長至 2 ～ 3 個月。同樣一座廠，所需的槽車、儲存槽數量可能有數十倍之多。

　　上品 2022 年全年營收 61 億 3,800 萬元，年增 60%。2021 年美國地區市場占比僅 0.8%，至 2022 年第 4 季，美國地區市場占比上升到 33.3%，顯見台積電及相關化學品供應鏈擴建需求強勁。截至 2023 年 2 月，上品在手訂單達 69 億元，法人預估 2023 年營收將年增 12% ～ 15%，每股盈餘（EPS）預估 23.98 元。

　　更長遠的看，除了美國廠之外，台灣、日本、德國的擴廠需

求都將持續貢獻訂單，加上獨占氟素技術及台積電扶持，上品將是晶片自主化浪潮中一定要關注的隱形冠軍！

熱門指標股 3》創意

1998 年成立的創意電子提供特定應用積體電路（ASIC，註 1）設計服務，包含 Spec-in 和系統單晶片整合（SoC Integration）、實體設計（Physical Design）、先進封裝技術（Advanced Packaging Technology）、量產服務以及世界頂尖的高頻寬記憶體（HBM，註 2）和裸晶對裸晶（Die-to-Die）互連 IP。

創意的主要市場包含 AI、高效能運算（HPC）、5G／網路、固態硬碟（SSD）和工業領域，提供系統 SoC 平台、IP 整合、前段／後段設計、封裝、測試和系統驗證等解決方案。最大股東為台積電，擁有 35% 的股份，也是創意的最大股東；透過與台積電的合作，創意能夠迅速克服從設計到製造端的各階段挑戰。

註 1：特定應用積體電路又稱客製化 IC，是依不同產品需求所訂製的特殊規格積體電路。

註 2：高頻寬記憶體是世界上頻寬最高的動態隨機存取記憶體（DRAM），是一種新型 CPU／GPU 記憶體，可垂直堆疊於記憶體晶片上。

創意 2022 年 12 月營收達 31 億 2,000 萬元，延續委託設計（NRE）、ASIC 業務的強勁動能，單月營收再寫新高，月增 23%，年增 105%；2022 年全年營收年增 59%，達 240 億 4,000 萬元。市場看好 2023 年下半年半導體市況復甦，新晶片開案持續加速，而創意在挖礦、控制 IC 及 AI 等領域中都有新案開出；2022 年第 4 季認列 NRE 5 奈米挖礦新案，業績較 2022 年第 3 季呈倍數成長。

不過，後續資料中心需求是否因為景氣放緩而導致需求放緩，影響 SSD 及網通相關 ASIC 業務成長，以及伺服器基板管理控制器（BMC）需求是否同步轉弱，影響創意後續營運成長，有待觀察。市場預估創意 2023 年 EPS 為 32.01 元，短線建議保守看待，長線仍看好。

熱門指標股 4》晶心科

2005 年成立的晶心科投入高效能／低功耗 32 ／ 64 位元嵌入式處理器及相對應系統晶片發展平台的設計與發展，核心競爭力包含處理器、系統架構、作業系統、軟體發展工具鏈及系統晶片設計等領域，產品針對處理大量資料應用而設計，如資料中心 AI 推理與訓練、先進駕駛輔助系統（ADAS）、擴增實境（AR）、虛擬實境（VR）、電腦視覺、加密與多媒體

等領域。

為積極搶攻 AI 晶片等應用市場，晶心科 2023 年 1 月 13 日推出全球首款 1,024 位元 RISC-V（註 3）多核心向量處理器產品 AX45MPV，專為處理大量資料應用而設計，堪稱該公司算力最強的產品。

晶心科 2022 年 12 月合併營收月減 37.3%，達 7,300 萬元，較 2021 年同期減少 46.7%，但是 2022 年第 4 季合併營收季增 14.2%，達 3 億 1,000 萬元，較 2021 年同期成長 15%，創下季度營收新高紀錄。累計 2022 年合併營收 9 億 3,200 萬元，較 2021 年成長 13.7%，改寫年度營收新高紀錄。該公司 2022 年前 3 季累計 EPS 達 9.65 元，成長動能來自 RISC-V 授權金收入。

晶心科的商用合約客戶數逾 300 家，握有逾 600 個授權合約，生態系（Eco-System）合作夥伴則逾 500 家。由於美國

註 3：RISC-V 是近年來備受追捧的開源指令集架構（ISA），具有指令精簡、模組化、可擴展、開源、免費的優勢，高達數千家晶片設計廠商使用，已站穩物聯網市場。RISC-V International 在 70 個國家／地區擁有超過 3,180 名會員，目前積極進入行動及 PC、伺服器市場，可望與 x86、安謀（Arm）成三足鼎立之勢。

對中國半導體產業實施嚴格禁令，中國無法向安謀（Arm）取得 IP，中國半導體業者開始大量採用開源 RISC-V 架構進行晶片研發，主要因為 RISC-V 架構晶片能夠部分取代安謀 IP。至於美國、日本、台灣、韓國等 Chip 4 成員也同步展開 RISC-V 晶片設計，為晶心科未來的權利金收入成長打下穩固基礎，授權合約持續增加。

2022 年消費性電子市場需求疲弱，晶心科積極將 RISC-V 處理器 IP 導入車用電子、工業自動化、航太及低軌道衛星、資料中心等新應用領域，為擴大 RISC-V 處理器 IP 市場的滲透率，晶心科已於 2023 年 1 月 17 日宣布與自動軟體測試業者 Parasoft 建立全球夥伴關係，基於 ISO 26262 認證流程，為晶心科 RISC-V 車用平台提供汽車安全應用方案。Parasoft 為車用安全生命週期提供完整的測試解決方案，能縮短車用產品認證流程，加速產品上市時間。

此外，晶心科推出的 AndesCore N25F-SE 處理器 IP 是業界第一個完全符合 ISO 26262 功能安全標準 ASIL-B 認證、適用於車規應用開發的 RISC-V 處理器 IP，支援標準 IMACFD 擴展指令集，結合晶心科第 5 代 AndeStar V5 擴展指令集，不只提高性能，還能降低程式碼大小。從整體業績來看，晶心

科的 IP 應用範圍從邊緣到雲端，如智慧聯網（AIoT）、無線網路、伺服器、AI、ADAS、微控制器、多媒體、5G 小型基站、固態硬碟等。如果沒有其他變數，長線獲利能力值得期待。

生技醫療》具剛性需求 中小型新藥股、生技股價值浮現

> 世事總是盛極而衰,大好之後便是大壞。重點在於認清趨勢轉變不可免,而且要能找到轉折點。
>
> ——喬治・索羅斯(George Soros)

歷經動盪的 2022 年,投資人應該都已經有 2023 年全球經濟籠罩衰退陰霾的心理準備,尤其通膨與升息短時間內不會明顯降溫、消費性電子庫存去化有待時間解危。

健康相關題材個股,具有良好防禦特性

另一方面,因為防疫保單理賠、新台幣貶值等因素導致不少金融股在 2022 年歷經 2008 金融海嘯以來最大的虧損潮與增資潮,除了前述 4-1 ～ 4-4 提到扣緊趨勢的族群股表現相

對亮眼，還有一個族群 2022 年表現也相對強勢，那就是生技醫療族群。

　的確，不論景氣好壞，剛性需求的醫療支出不能免，與健康有關的題材一如經典款衣帽包鞋，永不退流行，有時候還會喧賓奪主成為盤面主流，如 2022 年寶齡富錦（1760）、美時（1795）、葡萄王（1707）的業績與股價都有相對亮眼的表現。由於 2023 年全球總體經濟遇到逆風，衰退陰霾籠罩，生技股、中小型新藥股、臨床後期階段、產品具市場成長性、切入利基新藥市場的生技醫療股具有極佳的防禦特性，投資價值早已浮現。

熱門指標股 1》寶齡富錦

　1976 年成立的寶齡富錦，事業體包含新藥開發、西藥製藥、醫美藥妝、營養保健、專業消毒感控及動寵物系列、感染檢測及精準醫療、原物料開發生產等領域，是台灣知名的西藥 PIC/S GMP、化妝品 GMP 及保健食品廠（TQF）。寶齡富錦切入新藥研發逾 20 年，已成功從學名藥廠轉型為創新醫療產品研發平台。

　對於生技醫藥業者來說，藥證取得是大利多，寶齡富錦自

2001 年引進拿百磷（Nephoxil）技術後，已於 2014 年 1 月及 9 月由授權夥伴 Japan Tobacco／Torii Pharmaceutical 及 Keryx Biopharmaceuticals 陸續取得日本與美國核發的新藥藥證（日本產品名 Riona®、美國產品名 Auryxia™），2015 年 1 月再獲台灣衛福部核准新藥上市許可，歐洲也於 2015 年 9 月通過歐盟委員會藥證許可（歐洲產品名 Fexeric®），成為台灣首個藥廠研發、全球上市的新藥，授權國家持續增加中。

拿百磷是歷經十餘年研發而成的專利新藥，主要有效成分為藥用級檸檬酸鐵配位複合物（Pharmaceutical Grade Ferric Citrate Coordination Complex），屬最新一代不含鈣、鋁及重金屬的含鐵型磷結合劑，可在腸道中減少磷的吸收以降低血磷含量，可治療慢性腎臟病透析（洗腎）患者常見的高血磷症。

寶齡富錦總經理江宗明於 2022 年年底表示，由於拿百磷原料藥檸檬酸鐵未來美國、中國、日本等亞洲地區市場需求強勁，而目前檸檬酸鐵年產能約 20 餘噸，難以支應需求，因此採購新設備，預計將既有產能提升至 60 噸。

除檸檬酸鐵的產能擴大以外，拿百磷的銷售範圍也逐漸擴

大。美國授權夥伴 Akebia Therapeutics 拓展腎臟新藥拿百磷全球銷售及開發有成，加上與 Averoa SAS 簽署原料藥檸檬酸鐵獨家授權銷售合約，銷售區域包含歐盟經濟區、土耳其、瑞士及英國，最快 2023 年年底可以開始銷售，屆時寶齡富錦也將有分潤挹注營收。

受益於腎臟病新藥 Nephoxil 銷售權利金加速成長，加上韓國、中國等新市場開拓有成，以及自產檸檬酸鐵陸續加入貢獻，寶齡富錦自 2022 年第 3 季開始吸引法人積極加碼。

此外，寶齡富錦創新診斷事業群已經推出快速檢驗試劑（上市），2023 年的開發方向以傳染病為主，部分項目則聚焦於急診與心臟科需求，也會開始發展定性定量的快速診斷平台，同時放大既有臨床夥伴合作項目（北美、中美），並將尋求其他區域的臨床夥伴（歐洲、東南亞）；放大既有經銷夥伴合作項目（北美、中美），並尋求其他區域的經銷夥伴（歐洲、東南亞）。

除了健康醫療領域，寶齡富錦的創新醫美事業群鎖定內用與外用藥品、保健品與藥妝品、營養品與化妝品等領域，也將觸角延伸至醫美通路，針對美白、緊實拉提等醫美需求推出非侵

入式的金字塔微針貼片、生長因子凍晶、皮下注射劑（水光針）、埋線拉提產品，搶攻醫美微整市場。

　　除了既有產線，寶齡富錦持續建置新廠，預計新設備在2023 年第 2 季進廠、第 3 季投產，2024 年產能約達 100噸，加上既有產線產能，總產能可達 160 噸。新產線已向美國食品藥物管理局（FDA）申請原料藥目錄（DMF）認證。法人預期，寶齡富錦今年受惠於拿百磷專利過期認列所有銷售權利金、韓國啟動銷售等利多，單一藥品獲利貢獻可望超越去年，在藥品、醫美、保健 3 大業務穩定支撐下，預估 2023年全年營收年增達 20% 至 30%。

熱門指標股 2》美時

　　1966 年成立的美時化學製藥專注於高價位學名藥產品，範圍涵蓋中樞神經系統、心血管疾病、癌症用藥、女性保健、體重管理、疼痛緩解及呼吸系統等治療領域，以錠劑、膠囊及軟膠囊等劑型的研發製造為主。

　　2014 年，國際知名藥廠艾威群集團（Alvogen）成為美時最大股東，美時成為亞洲區高門檻技術的學名藥廠。業務範圍包含韓國、台灣、中國、印度、日本及東南亞國家，更成功拓

展至美國與中東歐地區。

2022 年，美時旗下的血癌藥瑞復美（Lenalidomide）在美國上市後，不斷尋求更多機會，增加美時的競爭力。2023 年，美時旗下的癌症用藥學名藥 Nintedanib Capsules，為百靈佳殷格翰（Boehringer Ingelheim）Ofev® 的學名藥，已順利取得美國 FDA 的暫定審查核可通知（Tentative Approval），為公司肺癌用藥產品線再添生力軍。待正式取得藥證及藥品上市後，可搶占美國 18 億美元（約合新台幣 545 億元）的市場商機（註 1）。

美時 2022 年 12 月營收為 12 億 7,000 萬元，月增 18.6%、年增 39%；2022 年第 4 季營收為 31 億 7,000 萬元，年增 13.1%。受惠於血癌用藥銷量成長及海內外市場拓展有成，2022 年營收達 146 億 3,000 萬元，年增 15.7%，改寫歷史新高，連續 3 年衝破百億元大關。法人認為，美時血癌用藥出貨時間落在 2023 年第 1 季，至於與原廠協議中，美時至 2025 年前，每年將取得一定且逐年遞增

註 1：研調機構 IQVIA 數據顯示，2021 年 Ofev® 銷售額約為 18 億美元，共有 4 家學
　　　名藥公司：Glenmark、Accord、Eugia 及美時。

的市場分額，未來將穩定成長。

熱門指標股 3》葡萄王

　　1969 年成立的葡萄王，早年因提神飲品「康貝特口服液」打響品牌知名度，席捲機能性飲料市場。後來的「葡萄王樟芝王」則成功搶灘保健市場，產品線橫跨食品與藥品。

　　2014 年，二代接班後銳意革新，切入生物科技領域，以「健康專家、照顧全家」出發，靠著研發能力優勢切入機能飲料、女性美容、保健食品、草本營養補給與兒童保健領域多元發展，已獲得逾 186 項產品專利，發表逾 117 篇研究論文，逾 10 項產品獲得台灣食藥署的健康食品認證。

　　葡萄王二代接班人、董事長暨總經理曾盛麟自 2014 年起帶領公司 3 大核心事業體奮力往前衝，3 大事業體規畫不同的成長策略（詳見圖 1）：母公司台灣葡萄王著重於台灣自有品牌及國際專業代工（OEM）及原廠委託設計代工（ODM）業務，鎖定關鍵原料及配方的設計與製造；母公司持股 60%的直銷通路葡眾著重於會員直銷創造的行銷與銷售優勢；母公司持股 100% 的上海葡萄王著重於中國與國際市場的保健食品 OEM 及 ODM 業務。

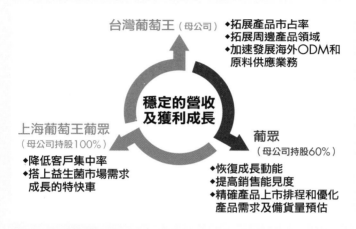

圖1 母公司台灣葡萄王著重於海外ODM業務
——葡萄王3大事業體成長目標

台灣葡萄王（母公司）
◆拓展產品市占率
◆拓展周邊產品領域
◆加速發展海外ODM和
　原料供應業務

穩定的營收及獲利成長

上海葡萄王葡眾
（母公司持股100%）
◆降低客戶集中率
◆搭上益生菌市場需求
　成長的特快車

葡眾
（母公司持股60%）
◆恢復成長動能
◆提高銷售能見度
◆精確產品上市排程和優化
　產品需求及備貨量預估

資料來源：葡萄王生技

　　據 Euromonitor 研究，2022 年全球保健營養食品市場規模達 8,697 億美元，年均複合成長率（CAGR）為 5.5%，2026 年市場規模將突破 1 兆美元。研調機構凱度（Kantar）2021 年資料顯示，健康與保健產品方面，消費者的購買力持續成長，平均每人的年均購買金額為新台幣 6,200 元，平均單價成長 9%。顯見全球保健食品市場呈逐年遞增趨勢，促使葡萄王加速布局保健、健康市場。

　　此外，針對非酒精性脂肪肝，葡萄王在法説會報告中指出，其所開發出的葡萄王樟芝植物新藥（GKAC），臨床實驗證實，可以顯著改善非酒精性脂肪肝患者的肝功能，預防肝硬化及肝癌等病症，已經進入 FDA 第 2 期測試。若完成美國 FDA 的測試申請，將成為全球第 1 個治療非酒精性脂肪肝的植物用藥。

　　除了研發能力優勢之外，葡萄王是大中華區保健食品製造的領導廠商，尤其在益生菌和草本營養補給品領域具有開發能力及先發品牌優勢，在台灣的益生菌市占率達 31%，菇菌類市占率達 58%，保健食品市占率皆為第 1。葡萄王也同時經營台灣第 3 大直銷公司 —— 葡眾；2021 年，葡眾的市占率為 8.9%。

　　2008 年～ 2021 年，葡萄王 CAGR 達 17%、近 5 年平均股東權益報酬率（ROE）約 25%（合併），而且股利發放率都維持至少 67% 的水準。葡萄王 3 大核心事業體中，成長力道以台灣葡萄王最強，2022 年成長達 20.84%；葡眾在新產品推波助瀾下，年成長達 9.3%；上海葡萄王受限於疫情管制，大減 37%。隨著中國市場陸續解封，上海葡萄王營運也穩定復甦。

展望 2023 年，台灣葡萄王規畫加大瘦身減肥產品產能；代工主要客戶為國際藥廠、胃乳線客戶，國際藥廠客戶訂單已談到 2025 年，歐洲保健品廠新客戶也在持續洽談中，集團 3 大事業體業績可望持續成長。

葡萄王 2022 年全年業績首度衝破百億元大關，累計年度合併營收達 103 億 9,000 萬元，年增 6.05%；2022 年第 4 季營收達 31 億 2,000 萬元，季增 25.38%、年增 7.05%，單季、年度營收均創歷史新高。法人預估，葡萄王 2023 年營收有機會挑戰近 1 成的成長幅度，EPS 上看 11.85 元。

熱門指標股 4》大江

1980 年成立的大江（8436），前身為「大江興業股份有限公司」，初期以國內外各類商品的進出口貿易為主要業務，1999 年成立生物醫學事業部後，於 2005 年更名為「大江生醫」，2012 年 2 月登錄興櫃掛牌交易，2013 年 9 月轉上櫃。

大江的本業是從事保健食品及美容保養品之開發製造公司，營運模式以保健食品委託開發暨製造服務（CDMO）為主，客戶包括直銷／微商、電商、CPG 品牌、直播及通路商等。

　　就產品別部分，2022 年第 2 季營收占比為機能性飲品 56%、液態包 19%、粉包 9%、錠劑 8%、面膜 5%、膠囊 1% 及其他營收 1%。銷售區域上，中國 49%、歐美 31%、台灣 11%、亞太 8% 及其他地區 2%。台灣上市櫃公司中，營運模式較為相近者有佰研（3205）、葡萄王等。

　　除了本業保健食品 CDMO 外，大江近年也持續透過購併或設立子公司拓展營運版圖，包括入股和康生（1783）：醫材 CDMO 及自有品牌銷售；成立大江基因（6879）：精準醫療、細胞治療；成立大江生活：機能食品、日用品；成立沛富生技：寵物保健 CDMO（詳見表 1）。

　　2022 年大江雖逢全球新冠肺炎（COVID-19）疫情影響，在中國的業務推展受到封城影響，但大江董事長林詠翔對公司價值深具信心，並信任經營團隊專業及經驗，2022 年 8 月以鉅額交易方式逆勢加碼，砸 1 億 4,200 萬元以每股 120.5 元，從大股東 DyDo Group Holdings, Inc 買下 1% 股權。

　　大江中國市場過去 2、3 年受到政策控管微商銷售行為，加上疫情封城影響消費活動下，營運連續 2 年面臨衰退窘境，惟在 2022 年年底解封後，客戶積極進行新產品開發，復甦

表1 大江母公司業務主要為保健食品
——大江全球化轉型5大事業體

事業體名稱	負責項目
大　　江（8436）	保健食品CDMO
和 康 生（1783）	醫材CDMO、自有品牌
大江基因（6879）	精準醫療、細胞治療
大江生活	機能食品、日用品
沛富生技	寵物保健CDMO

註：大江（8436）為集團母公司　　資料來源：大江

動能可期。目前客戶端在美容及保健保養等新品開發上已轉趨積極，隨代工客戶行銷活動陸續啟動，加上終端消費動能持續回暖下，預期 2023 年中國市場營收將可恢復成長至年成長率 10%～15%，且有機會呈逐季增長狀。

　　歐美大型客戶訂單洽談順利，營收成長動能將加速，除目前既有客戶訂單出貨穩健外，隨台灣隔離政策鬆綁，業務人員出差恢復正常下，公司經營高層積極與全球大型品牌客戶高層對接後，潛在新客戶、新市場及新產品合作計畫洽談進度加速。

　　另在美國廠部分，2022 年受抑舊有設備生產參數較不理想

下，營收表現不如預期；對此，大江在 2022 年進行生產線優化，預計 2023 年第 2 季起生產效率將有效提升下，法人預估大江美國市場 2023 年營收將成長 15%～20%。且因美國廠承接之舊有代工訂單毛利率較低，大江目前也規畫以新的 ODM 產品替代提升整體毛利率外，公司在與歐美大型全球客戶之產品合作內容上，也持續提高自有原料與配方使用比重，降低代工產品之可替代性。中長期來看，因全球型品牌客戶訂單穩健度高，故隨此類客戶營收占比持續提升下，對大江業績穩定將有正面挹注。

大江整合了化學、生物學、數學、工業工程、遺傳醫學、美學、人為因素和人體工程學、應用材料科學和消費者行為研究方面的專業知識，所有這些都是由消費者需求驅動的，也就是愛美、保健、抗衰老等人性的需求，其實比較不受到通膨影響。

大江研發與掌握關鍵原料，開發了保健食品、面膜、功能飲料、膠原蛋白產品、護膚品和醫療器械，為台灣保健功能飲品跟面膜的龍頭代工企業，從統一（1216）、黑松（1234），到味丹、DHC、武田製藥、資生堂、LV、蔡依林自創品牌「Oops!」指甲油、陳妍希代言的蜂王膠原飲，也都曾由大江代工。

　　大江 2022 年營收 74 億 3,000 萬元，年減 13.4%。法人預估 2022 年全年毛利率 41.6%、稅後淨利 6 億 2,300 萬元，年減 59.7；EPS 5.27 元。法人預估 2023 年營收 86 億 5,000 萬元，年增 16.3%；毛利率 43.6%、稅後淨利 12 億 4,000 萬元，年增 99%；EPS 10.49 元。

Chapter 5

心法篇
克服投資心魔

5-1 面對6大心理盲點 避免情緒影響決策

> 我和其他人一樣會犯同樣的錯誤，不過，我的過人之處在於我能認識自己的錯誤。
>
> ——喬治‧索羅斯（George Soros）

我常說投資 3 步驟是「分析、決策、記錄」（詳見圖 1），道理似乎很簡單，可活用潛藏於其中的基本面、技術面、籌碼面，甚至消息面，善用 3 步驟可大大提升績效。

然而，即使抓對趨勢、選對產業，而且靈活執行前面提到的 3 步驟，很多時候還是容易受到情緒或心理因素的影響，而導致操作績效不如預期。

比方我常說的 6 大心理盲點：貪婪、恐懼、盲從、後悔、

圖1 投資應執行分析、決策、記錄3步驟
——投資3步驟

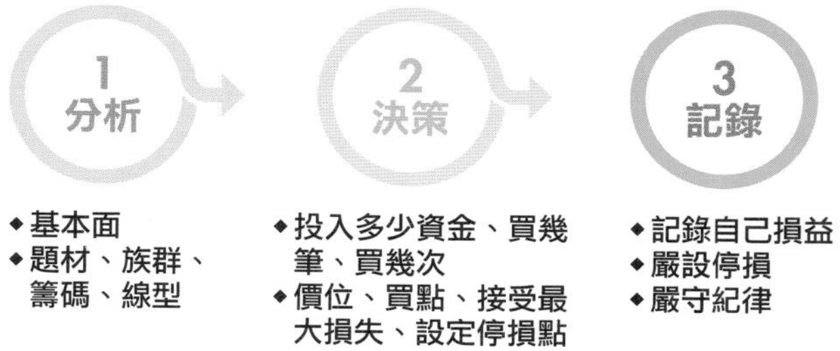

1 分析	2 決策	3 記錄
◆ 基本面 ◆ 題材、族群、籌碼、線型	◆ 投入多少資金、買幾筆、買幾次 ◆ 價位、買點、接受最大損失、設定停損點	◆ 記錄自己損益 ◆ 嚴設停損 ◆ 嚴守紀律

僥倖、無知。「漲時貪婪、跌時恐懼、買時盲從、賣時後悔、賺時僥倖，以及憨愚無知」，就是操作時最容易出現的心理障礙，可能三不五時驟然出現，讓自己做決策、下判斷時綁手綁腳，甚至作繭自縛。

投資只有４種結果，大賺、大賠、小賺、小賠。只要不大賠，犯的錯少了，對的機率就多了；賠得少了，賺得就多了。認真的實踐分析、決策、記錄，失敗後我會檢討自己，而且「面對它、處理它、然後放下它」，繼續迎接下一場投資挑戰。

不少散戶失敗後，只留下傷痛跟記憶，除了負面感受與回憶，對於之後的投資之路於事無補，非常可惜。

英國前首相邱吉爾（Winston Churchill）曾說，「成功是走過一次次的失敗，卻從沒有失去熱情。」因此，心理素質定輸贏，心態對了，就離成功不遠了。只要認真改變自己，堅持就能改變投資命運！

仔細檢討失敗原因，才能持續累積經驗

許多投資人有這樣的經驗，因為某家公司的營收不如預期，投信棄養而跌破季線，但是在跌破季線的第一時間卻沒有設停損，導致從原本只虧幾十萬元到後來賠了近百萬元。記住這個教訓，之後你應該做的不是自怨自艾或痛哭流涕，而是寫下操作過程，仔細檢討導致失敗的原因，讓自己下一次操作時能記取教訓，用更快的速度與反應處理面對，執行更嚴謹的紀律與更嚴格的停損！

請記住：投資是累積的行業，經驗愈累積，未來愈強壯！所以，雖然 2022 年黑天鵝一隻又一隻出現，投資操作很辛苦，甚至之前的獲利直接回吐，陷入不想做空又無法做多的窘境。

選股難，選擇停損、停利的時機也很難。不過，投資跟學習的路上滿是荊棘，跌倒是常態，沒有人總是一帆風順，只贏不輸。

其實，勝敗乃兵家常事。引用美國前總統亞伯拉罕·林肯（Abraham Lincoln）的金句，「我們關心的不是你是否失敗，而是你面對失敗能否無怨。」投資的路上，失敗就是輸錢，但是除了輸錢之外，面對挫折的心態、是否具有愈挫愈勇的恢復力與奮戰精神，這些能力都需要不斷地培養與訓練。

股市充滿不確定性，無法控制與充滿挑戰是常態。身在這個修羅場，我們必須接受，並且選擇勇敢、快樂、努力地面對所有挑戰，這就是「投資之道」，也是投資人生。不過，要進廚房就不要嫌廚房熱，應該隨時告訴自己：「我不是失敗，只是還沒成功。」讓危機處理與反敗為勝成為你的習慣，輸家總是抱怨過去為何失敗，而贏家則是在想未來如何成功！

投資路上，你可以走得慢，但千萬記住不要後退，投資路上的累積一定要持續與堅持，想成功的決心比任何東西都重要！認真改變自己，堅持改變命運，從現在開始，記得在投資前的決策、分析跟投資後的記錄上面下功夫，汲取的教訓愈多，未來就會更強壯，終會成為財富自由的股市贏家！

產業隊長張捷語錄

1. 讓危機處理與反敗為勝成為你的習慣。輸家抱怨過去為何失敗，而贏家則想著未來如何成功！

2. 財富倍增需要天時、地利、人和，每個人都有一雙翅膀。趨勢來臨時，你想成為御風而行、展翅高飛的老鷹？還是淪為砧板上的雞翅？

3. 人生最大的毛病是自私；人生最大的失敗是驕傲；人生最大的勇氣是認錯；人生最大的敵人是自己。

放棄賭徒心態
投資前應確認方向正確

"

讓趨勢成為你的朋友；不進行研究的投資就像打
撲克從不看牌，必然失敗。

——彼得・林區（Peter Lynch）

"

　　我常說「小錢靠累積，大錢靠時機。」你平常花錢之前會不
會謹慎思考？比方買菜時要不多要一把蔥，拗一點辣椒？買衣
服時會不會先看規格、樣式、材質，有機會就試著殺價？買電
腦跟家電用品會不會先上網比價、比性能、比品牌？買車之前
會不會堅持試乘、看車款、配備，甚至吹毛求疵地檢視坐墊、
輪框、車廂、儀表板、電控系統、安全氣囊……等？我想大多
數人在買東西時，應該都會認真考慮這些東西吧！

　　那麼花錢買股票呢？你是習慣人云亦云，還是憑感覺押注？

難道買股票的錢不是錢，不需要像買衣服、買車那樣比比價、研究一下？而投資股票的終極目的，難道不是為了獲利，加大口袋深度、提早實現財富自由，為人生錦上添花？如果是的話，為何你不肯投入心力在這上面呢？

對公司的了解程度，決定口袋的深度

我是法人出身，也時常受邀參加電視節目或擔任財經講師、專欄作家，也有機會開課分享產業趨勢，除了自己對於投資有熱忱外，還有一個出發點，那就是「努力試著弭平散戶與法人的資訊落差」。擔任券商研究員跟操盤經理人後，我就了解到「資訊落差」對於廣大投資人來說，造成多大的影響！有人說，股票是「本多終勝」的世界，是有錢人及大戶控制的市場，但我認為，股票是資訊決勝的世界，不論大戶或小散戶，對公司了解的程度將會決定口袋的深度！

所以，就算是一般投資人，只要肯勤奮做功課，包含多研究法說會簡報、券商報告、新聞，這些資訊裡有取之不盡、用之不竭的寶藏。可惜只看表象就豪賭的投資人很多，深入研究規畫的反而少，這也是為什麼股市中總是依循「80/20法則」──輸錢占80%，贏錢占20%。

我發現，大部分的投資散戶對自己買進的股票可以說「完全不了解」，除了股名跟股票代號之外，只憑著感覺在買賣股票，投資理由可能是「鴻海（2317）有郭台銘，一定穩啦！」「長榮（2603）家裡好像很喜歡吵架，不好。」這些表面認知，但這些枝微末節對投資的幫助非常小。

甚至於，有人根本不想花時間了解跟公司有關的資訊，認為基本面不過是一碗科學麵。這樣的人想學的不是投資致富，而是賭博致富！

但是，我們看到彼得・林區、科斯托蘭尼（André Kostolany）、巴菲特（Warren Buffett）、索羅斯（George Soros）等投資名家，哪一位是用賭徒的心態面對投資？所以彼得・林區才會說：「不進行研究的投資就像打撲克從不看牌，必然失敗。」而且，「最終決定投資者命運的，既不是股票市場，也不是上市公司，而是投資者自己決定了自己的命運。」

買股票本質上就是成為一家公司的股東，今天假設有人想開店做手搖飲生意，一定會先花時間盡力了解周邊人潮、營運模式、店面裝潢、產品競爭力、訂價，再仔細計算進料成本、員工薪水、水電瓦斯費用、營業額、稅率等細節，斟酌到底會不

會賺錢後，才會決定要不要投資開店。聽起來很正常，但是很多投資人一進到股市，付出與開店費同樣甚至更多的金錢，卻反而流於草率、匆忙甚至憑感覺決定出手，被賭徒式的興奮給誘惑，在完全不了解公司的情況下，就把錢胡亂丟進股市，所以注定成為那 80% 的輸家。

了解公司到底要研究什麼？在此簡單提供 4 個方向，建議投資人買進一檔股票之前，一定要先要求自己弄清楚這 4 點才可以進場！

公司研究是一門藝術，並沒有絕對正確的答案，青菜蘿蔔各有所好，但一定要先做完功課，不論對錯，至少提出一個觀點，甚至建立自己心裡的目標價後再進場，之後再重複審視自己的觀點有哪裡需要修正。久而久之，投資功力一定會大有進步。

進場前先研究 4 重點，以免白做工

除了產業趨勢，公司處於產業趨勢的哪一個環節、競爭優勢是否突出、體質與獲利能力是否相對優秀或特別優秀，這些都是公司研究的基礎。如果這些方向與選擇錯誤，後面種種只是白做工，或者只能憑運氣決定成敗，簡直是拿錢在開玩笑！確

定方向是否正確，我習慣先研究 4 個重點：

重點 1》公司所在產業趨勢

這家公司的產業類型是什麼？這個產業是目前最值得關注的產業嗎？這個產業接下來會持續成長嗎？成長的幅度有多大？什麼原因可能會讓產業發展停滯？

科技日新月異，基本上全球的經濟是持續成長，但是受限於不同階段的景氣、大環境等因素影響，可能加速或延緩成長動能，甚至是庫存調整與衰退，例如 2021 年大好的消費性電子與散裝航運，新冠肺炎（COVID-19）疫情過後就面臨巨大的挑戰。或者，本書總經面提到的俄烏戰爭、通膨、升息、庫存去化，甚至地緣政治等黑天鵝。所以我常說產業興衰有更迭，個股強弱要區分！我們所選擇的公司所在產業「近期」業績是否有機會爆發？「長期」是否已經啟動改變未來的趨勢？

重點 2》公司自身的競爭力與優勢

台灣的股市主力為電子股，又因為台灣許多廠商屬於代工供應鏈，而非自有品牌，導致公司的營業項目及產品極為分散和精細，這對於願意不厭其煩下苦功研究的投資人來說，簡直是一處藏寶。

舉例來說，晶圓代工分成熟跟先進製程，每一個不同的節點
又對應到不同的產品應用。以散熱來說，就包含散熱模組、均
熱片、均熱板、液冷散熱、氣冷散熱、浸沒式散熱等不同的應
用及產業。因此，投資人要確實深入理解公司的產品究竟應用
在何處，接著再了解公司的產品與競爭力在哪裡，有哪些護城
河，有何不可被取代之處。畢竟投資就是希望將錢押注在最有
競爭力、最能夠幫投資人賺錢的公司上，利基點愈多，愈是能
立於不敗之地。

重點 3》公司明、後年獲利目標

只看財報做投資，好比看後照鏡開車。借錢的朋友說他以前
有多厲害，你敢借他錢嗎？你一定會問這筆錢要做什麼用、是
否有能力償還、利息給多少之類的問題。投資也是一樣，基本
面好，可以說這家公司的基礎不錯，但公司未來具有成長動能
才是我們要特別關注的股票。甚至有些谷底翻揚的公司，因為
逆轉了長年的虧損狀態，本益比往上調整，股價當然也就三級
跳了。

日本股神是川銀藏說：「選擇未來大有前途卻尚未被世人察
覺的潛力股，而且長期持有。」未來大有前途但股價處於谷底
的股票亦然，投資不要只看現在，要看未來。

隨著網路資訊的傳播速度變快，這方面的資料也更容易蒐集，券商報告中也會提到個股的基本面。不過，投資人一定要發揮獨立思考的判斷力，看到數字後要懂得自己評估及判斷合理性。

每家公司一定都希望自己賺錢，也會盡量讓股東覺得它們會賺錢，但到底會不會賺錢，要靠投資人長期累積商業知識及對產業趨勢的了解，才能不被數字所迷惑。

我曾經拜訪過一家公司，其毛利率高出競爭對手許多，乍看之下十分吸引人，但仔細探尋後才發現，高毛利率是因為它們將產品全部外包，少了經營工廠的成本，但卻缺乏獨家技術，產能跟品質也都受制於代工廠。對我來說，這家公司就從高毛利的產品製造研發商，一下矮化成左買右賣的貿易商，頓失吸引力。

重點 4》評估合理價格、本益比、淨值比、投資報酬率

這一點是決定投資勝負的關鍵，過去我在法人單位工作的時候，老長官就不斷耳提面命「要搞懂怎麼評價」。做生意很簡單，低買高賣而已，股票也是如此，但一切的關鍵就在於什麼叫低？什麼叫高？大部分的時候是「感覺低」就買，「感覺高」

就賣，但真正的高手則是大量蒐集完整資料，計算數字後提高準確率，最終才下手。

這也是投資人時常抱不住飆股，又砍在阿呆谷的原因，因為缺少對價格、價值的判斷能力！當你知道價格遠低於價值，自然是加碼長抱靜待獲利奔跑；反之，當價格遠高於價值時，當然是輕輕鬆鬆瀟瀟灑灑賣出囉。

想要建立這部分能力，建議投資人多下一點功夫在財報與會計能力的提升、產品數量價格模型（PQ Model）、公司獲利的預估、閱讀投資大師經典書籍與法人報告，反覆咀嚼內容，仔細感受與思考，並且體會市場到底如何估價，本益比跟目標價如何決定、什麼狀況下本益比會上修、什麼狀況下本益比評價甚至會改成本益成長比，或是什麼時候要用本淨比等。

以上 4 項重點只是投資選股的初階，但是如果能做到這 4 點，我認為已經勝過 70% 的市場投資者，長此以往，不成功很難。此外，我也要特別提醒投資人，投資不能急、不能貪、不能慌、不能躁，歷史總是不斷地重演，江山代有才人出，從台股千元股王歷史可見產業典範的移轉，如千元金融股國泰金（2882）、華碩（2357）、宏達電（2498）、聯發科

（2454）、大立光（3008）都有過輝煌時光。市場永遠有新產業、新股票可以做，所以投資人千萬不要像得了錯失恐懼症（FOMO）一般，非得急著買賣股票不可。

行情是等出來的，股票是研究出來的，靜下心來做好選股作業，從茫茫股海裡挑出那顆最明亮的珍珠，同時先釐清大環境的變動與不樂觀因素有哪些，而且了解不賠錢的重要性。先求不賠錢，等到好的機會出現再謹慎出手，之後一步一步來賺錢，最終就能提高勝率，從賭博散戶成為專業投資人。

產業隊長張捷語錄

1. 你對公司的了解程度，將決定你口袋的深度！

2. 在錯誤的路上，跑再快也沒有用；方向不對，加速快跑只會離目標更遠。

3. 成功除了勇敢與堅持不懈，更需要方向。（摘自電影《當幸福來敲門》）

⬡5-3 掌握「一拳操盤法」真義 才能立於不敗之地

> "
> 站高一點，看遠一點！集中心力找到漲一倍的股票並抱住它！
>
> ——產業隊長張捷
> "

　　近幾年，除了動漫《鬼滅之刃》、《進擊的巨人》很紅外，還有一部知名的動漫《一拳超人》，內容講述一位拯救地球的英雄，怪物來了都是一拳解決，重點不在幾拳，而是主角靠著扎實的訓練與基本功，只要一拳就能致勝。

　　一拳超人最精華的一段話是：「變強唯一的方法，就是瘋狂的鍛鍊，然後堅持！」股市投資也是相同道理，不能什麼都要。選對趨勢與產業族群，持續觀察、追蹤與深耕，你也可以成為「一拳超人」，甚至透過反覆操作某一檔個股累積財富！

大道至簡，投資應先聚焦單一產業或個股

「一拳超人」讓我領悟到「一拳操盤法」的真義，就是老子《道德經》中所謂的「大道至簡」4 個字，白話的意思是：大道理（基本原理、方法和規律）是極其簡單的，也許 1、2 句話就能說明白。所謂「真傳一句話，假傳萬卷書」，基本原理、方法與規律不難，難在人心，一言以蔽之就是「知易行難」。

引用到投資上來說，或許投資人認為面板族群不錯、被動元件好像也可以，油價觸底反彈、汽車銷售谷底回升、餐飲觀光喜耶誕與春節旺季、半導體產業護國神山、國防資安、綠能儲能等產業，好像也是好幾年大多頭⋯⋯。

試問，國安基金、主權基金、勞退基金手下動輒有數十位研究員每天研究數十種產業，甚至有每天基金進出幾百個億的操盤手隱身其中，但是對於廣大的投資人來說，多數無法達到這種團隊力爆棚的境界，能仰仗的只有自己的一雙眼睛和一個腦袋，真的沒辦法當「千手觀音」。

投資技巧與重點在於聚焦而非發散，如果你手裡的槍只有一發子彈，當然應該小心謹慎、思考再三再扣扳機，不是嗎？

　　其實，一檔股票做好，一個產業趨勢學好，就足以成為贏家，比方 2022 年我研究過的股票南六（6504）、生華科（6492）、聯發科（2454）、南帝（2108）、元晶（6443）、長榮（2603）、中興電（1513）等產業，過程中都是一步一腳印，仔細在一個產業中挑選一檔好股。因為我知道「貪多嚼不爛」，所以對於這種專注、深耕的「一拳操盤法」很有感。

　　一句話，「樣樣通，樣樣鬆，『貪多嚼不爛』是散戶最大的通病。」聽到 A 想買一些，看到 B 也不錯，C 好像又是主流（詳見圖 1）。

　　直白的講一句話，就算看到「不錯」的標的，很多投資人的操作績效比不上一開始挑對一檔好股票，如珠如寶地深情對待，甚至 8 成以上的投資人操作績效沒有台積電（2330）表現得好。

　　捫心自問，2021 年台股大多頭，你的資產有沒有成長 3 成以上或是倍增？如果沒有，那麼，這樣的操作績效或許對於大多數人是不滿意的。和多數投資人相比，許多股市的贏家並沒有整年「舞刀弄槍」，殺進殺出，而且更甚的是，看不懂就減碼休息，部位降得少少的，不出手。「沒有買賣，就沒有傷

圖1 散戶投資往往進入不斷的惡性循環中
—— 散戶投資模式

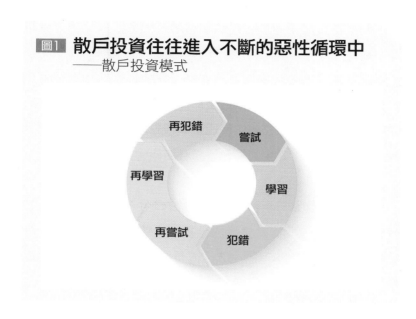

害」，等到時機對了再出手，反而績效更佳。

　　也有投資人認為我的標準太嚴苛，但是投資的路很長，我建議投資人不要對自己太放縱、太寬容，嚴格一點的審視自己的績效，檢討自己，對於累積財富與財富自由來說才是一帖「苦口良藥」，對自己千萬要嚴格一點。

　　除了貪多嚼不爛，我發現，很多投資人不是不認真操作，而

是一開始認真錯了方向，用錯了方法。大家都知道功夫做得深，基礎打得穩，未來績效才有機會更上一層樓。但是，太多人貪圖捷徑，搶快想學複雜的指標、搶搭神奇的通道或跟隨「大咖」進出，殊不知，滿市場都懂得技術分析，但是過度執著於技術面而愈學愈複雜，反而容易讓自己愈學愈糊塗，想跟著主力進出，殊不知主力早已匯撥券商偷偷賣股。

技術分析與籌碼分析都是必須學習的，也都很有用，但是技術分析其實是一種提高機率的分析，是概率的研判，大家應該都有經驗，橫盤整理的股票，因為美國聯準會（Fed）的動作而跳空大跌，或是因為業績發表優於預期而跳空大漲，「M頭」「W底」常常只是一線之隔。投資人與其因為機率工具不斷的鑽牛角尖，不如真的想通，股價的漲跌，其實反映的都是未來，都是產業與公司成長的體現，所以，千千萬萬別忘了更重要的產業分析與基本面。

認真打好基本面功底，籌碼、線型則是輔助

前面說的「大道至簡」，操盤法來來去去只有一招，就是產業深耕、基本面深入為王。產業想清楚、股票挑對，事半功倍，剩下的就什麼都對了。公司對了，怎麼操作都順手，何來

煩惱？何來修正、黃金切割、指標、背離等繁瑣複雜的應用技巧？重點在於化繁為簡的基本分析，包含成長性、產業拐點、產業變動、業績成長、產品報價、客戶移轉、訂單增加、經營階層看法、法說會及研究報告等資訊梳理。

一拳操盤法的道理就是產業深耕，將基本面當作蹲馬步一樣，無所不用其極地深入練功，很多人不是做不到，只是不願意做。過去數十年，我自己倒是始終如一，貫徹拜訪公司的基本功，從台北的內湖科學園區、南投的南崗工業區到高雄的仁武、楠梓、台中精密園區、竹科、南科甚至花蓮。

透過每一次田野調查工廠、拜訪公司經營階層，還有參加法說會，累積自己對趨勢及產業的敏感度，親自感受公司經營階層的行動力，了解公司未來的規畫；親自看公司廠房、生產線，也近距離觀察董事長的眼神、感受其策略規畫、氣場，聽公司高層談論未來成長的核心與心中的願景。做到這個地步，就算還是會被蒙蔽、被騙，但機率真的比道聽塗說低太多。真的自己扎實研究過，輸錢也輸得比較甘願。

反觀多數投資人，還陷於道聽塗說、人云亦云的階段——隔壁小華老婆的二叔公的朋友的阿姨說，「董事長說這可以買。」

買了股票，然後呢？套牢要問誰？業績不如預期，有沒有能力自己追蹤？媒體記者或新聞說哪家公司好就進場買買買，最後輸了錢才真的是輸得不明不白！

「當媒體的觀點一面倒時，你應冷靜地站到它們對面去。」投資大師吉姆・羅傑斯（Jim Rogers）所言不虛，但是多數投資人卻總是與大師建言背道而馳，所以在投資之路上才會跌跌撞撞。

衷心建議投資人，將「大道至簡」的觀念落實於研究公司經營者、競爭優勢、產品、成長性等基本面上，這是投資最重要的一件事情。把研究的優先順序釐清了，時間分配決定好，績效也就從此提升。

股神巴菲特（Warren Buffett）說：「關於投資，在錯誤的道路上奔跑，跑得再快也沒有用！」工作如此、學習如此、選擇產業如此、選股亦是如此！所以巴菲特看財報、找經營者；索羅斯（George Soros）搞人脈、思考總經；彼得・林區（Peter Lynch）一線走訪企業，造就他們在投資上的輝煌成就。大師如此、外資如此、投信如此，你為什麼不站在巨人肩上取經學習，縮短學習曲線，少走冤枉路，少輸多贏？

　　投資的路上，挑困難的事情做，賺錢才會變得簡單。科斯托蘭尼（André Kostolany）說：「投資人花 80% 的時間在研究過去的線型跟財報，卻得不到想要的結果。」我認為股市贏家應該花 80% 的時間在思考上，花時間思考對的趨勢與產業，然後花最多的時間研究相關族群的公司基本面、未來成長性，搭配籌碼、線型等輔助工具。大道至簡，才能立於不敗之地。

產業隊長張捷語錄

1. 選擇比努力重要，努力只是進市場的基本功，有能力選出高成長產業、低基期績優股才能立於不敗之地。

2. 縮短法人與散戶資訊的落差。資訊的落差，在股市裡，就是資金的落差。腦袋的深度，決定口袋的深度！

(5-4) 不斷學習才能超越自己 找到量身訂製的財富道路

> 別人的鞋不合你的腳。
>
> ——羅伊・紐伯格（Roy Neuberger）

　　剛學腳踏車的時候，多數人跌跌撞撞；剛學游泳的時候，很多人都喝進一肚子水，但是，當你學會某件事情後，它就成了你的一部分，之後不管反射也好，潛意識也罷，騎腳踏車、游泳都會像呼吸一樣自然。投資也是一樣，從一開始的跌跌撞撞到領悟投資的箇中三昧，需要時間淬煉，歷經無數失敗與挫折，才可能鍛鍊成鋼，但是，最後你會發現，自己累積、修正後所寫下的筆記，比直接參考學霸筆記要來得扎實有用。

　　當然，「與智者學習、向強者靠近」也是成功的捷徑之一。我也很常借鏡高手的智慧經驗，但是我也明白：別人的成功經

驗你無法 100% 復刻，一如穿在別人腳上好看到爆的鞋子，買一雙一模一樣的鞋穿上，很少合腳，或看來不那麼好看，因為這雙鞋並非針對自己的腳型、喜好與舒適考量。學習也是一樣，走過才有體會，學習才能成長，不斷學習才能超越自己。

當你變強，問題就變弱！

投資是一個爬樓梯的過程，財富的累積也是一個向上的過程。有句話說「條條大路通羅馬」，但前提是要「找路而行」，而且是找到最適合自己的路。當然，追求成功的過程中，的確有人受幸運女神眷顧（例如中樂透或是有奇遇），因為有人生來就住在羅馬，但絕大部分的人不是，仍須透過不斷努力讓自己愈來愈接近成功，愈來愈接近幸運女神。

我也不是生來就住在羅馬，但是我很努力找尋適合自己的路，因為我明白投資與玩遊戲相同，成果累積或段位升級靠的是累積的功夫，而且過程中要不斷超越自我，才能愈爬愈高。但是努力不會白費，後面的路會愈來愈好走，因為當你變強，很多問題就變弱，離成功就愈來愈近。

投資就像是玩遊戲破關，一路上需要不斷升級，過程中需要

蒐集寶物、找到適合的武器、遇到好的夥伴等必要條件助攻，才有可能「團滅」對手。遊戲升級的過程中，蒐集寶物跟好的裝備可以防身、可以殺敵，投資亦然。

「工欲善其事，必先利其器。」好的武器就是好的工具，如籌碼分析工具就是必備軟體，透過下單經驗、融資融券的操作、掛單技巧、五檔報價、假突破真出貨等交易經驗的累積，透過挫折記錄與分析，成就自己的成長寶典。在學習之路上，不妨閱讀投資大師的經典書籍、和導師及同學相互交流經驗，透過交易策略與想法交流，可以突破很多困難。

當然，學習是一條長路，還要用對方法讓行路速度加快，所以「看對、壓大、抱長」是方法之一。真的看對，命中率高，選股、選產業精準之後，只要心態正確，有信念與耐心，就有可能買多、持有波段！這是投資大勝的不二法門之一。

如果發現自己的智慧經驗解決不了問題，表示自己還沒有學得通透，繼續學習，總有茅塞頓開的時候。學游泳、騎腳踏車或投資都是一樣的，一次不會，學二次；二次不會，學三次。所謂「難者不會，會者不難」，遇到投資問題無法解決，代表你還沒有真正理解與融會貫通。

　　此外，我發現投資人有很多心態無法調整過來，比方有朋友會跟我說，「我有抱股抱不牢的問題，股票上上下下洗盤，跌的時候好緊張，好害怕，一解套馬上就想賣了……」這個問題的癥結點在於信念與了解，好的股票需要了解它，對它有想法、追蹤它，而且要有信心與信念，堅持等待。

　　賺錢之神邱永漢曾說：「成大事者需要忍耐、忍耐、再忍耐。理論上，股票賺到的錢就是一種忍耐費。」有信念就有中心思想，大波段獲利就常常找到你。

　　常有學生向我訴苦，說自己控制不了追高殺低的問題，好比購物狂歡節一到，剁手也要買，不好好花時間研究基本面，股票開盤一大漲、新聞報導一說好就腦充血漲停價追下去。

　　我只能說，這些問題需要靠不斷累積經驗與挫折，追高幾次被出貨了，被當沖客隔日沖傷到了、被記者或媒體出貨賠錢了，就會慢慢了解，投資前擬定交易策略是如何的重要──如何買、買幾次、什麼價位，先想停損點，再想進場點等事情的重要。

　　如果你還沒有在投資之路上嘗到甜美果實，或者還沒有機會

體驗持股漲數倍，或者是年報酬率持續穩定地超過 30% 以上的成就感，建議你花時間找出自己投資的真正問題，如此才有辦法解決問題。

　　人類是健忘的，如果你自身沒有改變，也沒有發現問題，同樣的問題依然會再出現，你會一而再再而三演著同樣的劇本、用同樣的模式被同一顆石頭絆倒二次以上，還是摔在同一個傷口處，上演同樣的虧損戲碼，只是股票不同，時空背景不同，交易金額不同罷了。

　　唯有發現問題，靜下心來解決問題，才可能出現新的心態、新的方法與方式，採用新的交易策略就會有新的結局，開啟新的投資人生！

　　只有找出投資問題並克服問題，你才能變強。當你變強了，問題自然就變弱了！所謂的贏家投資模式，其實就是嘗試→學習→犯錯→成長→領悟→嘗試……，如此不斷輪轉下去（詳見圖 1）。

　　我認為投資之道並不複雜，一如前面提到的「大道至簡」。在這裡和投資人分享 3 個投資概念：

圖1 成長與領悟是成為投資贏家的必經過程
——贏家投資模式

1. 腳踏實地的努力，持續努力與累積，特別是累積產業與公司基本面知識，以及財務與投資知識。

2. 善用好的投資工具、正確的方法、結交好夥伴，以及努力提高經驗值，闖關破關自然水到渠成。

3. 讓自己成長。

在財富自由的路上，很多寶貴的經驗跟學騎腳踏車、學游泳一樣，學會了就不會忘，而且可以重複使用，終生受用。

產業隊長張捷語錄

1. 投資是一場持續學習的比賽,如果你停止學習,將被別人超越。你願意為成功付出多少?決心是成功的必要條件,決心影響行動,行動造就結果。

2. 投資入門的第一步是刻苦學習、從錯誤中學習;直接面對恐懼與懷疑,新的投資世界將為你而開啟。

3. 培養耐心、信心、謙虛、忍受孤獨的痛苦,並時時檢討自己,承認錯誤。

5-5 將眼光放遠、精進自己 是投資中最重要的事

> 面對通膨，最棒的投資，就是投資你自己。
>
> ——華倫·巴菲特（Warren Buffett）

投資是一個不斷循環的過程，堅持下去，結果通常都會是好的，前提是選對產業趨勢。而好的公司永遠不會寂寞，對的產業、扎實的基本面永遠等待我們去發掘。

我始終相信：堅持努力研究對的產業與好的公司，天道酬勤，收穫自來。眼光放遠，格局放大，思路清晰、心境泰然，不汲汲營營短視近利，反而後來錢追著你跑！含淚播種的，必歡呼收割！

投資也是一個沒有捷徑的過程。許多人一開始往往選擇最容

易上手的技術分析與籌碼分析入門，試著透過 K 線、均線指標、黃金切割率、波浪、價量與籌碼分析等方法尋求最佳績效。這些都是很重要的輔助工具，當然不可或缺。然而，大家切莫忽略了，努力了解公司基本面，努力投資自己才是投資最重要的事，這兩部分就一如任督二脈，打通二脈投資功力才能更加精進。

　　投資真的沒有捷徑，只有一步一腳印勤於累積，一開始選擇最難的路走，後面的賺錢之路才會變得簡單。建議投資人開大門走大路，一開始選擇研究產業、研究公司基本面、了解經營階層想法、財報、未來發展性與技術含金量等基本分析，這是多數人不願下的苦功，而戰勝多數散戶投資人的關鍵，進入贏家圈的獲利天堂，就始於此。

拋棄賺快錢心態，學習投資之路無速成

　　「博觀而約取，厚積而薄發。」語出蘇軾《稼說送張琥》一文，是一代文豪蘇東坡先生勉勵張琥做學問應該要廣博地閱讀群書，擇其精要，蓄積豐厚學力、學養，而不要急於求表現。

　　大家都想賺快錢、學習速成，但是做學問當求長期積累蓄

養，不可急於求成，如同富人的田地美而多，食物充足而有餘，能夠安心等待種植的成熟期，因此富人的收成往往是豐美的。反映到投資，就是口袋裡的產業跟股票夠多，不怕沒股票選，沒股票買，心情自然就能放輕鬆，不會執著於現有的標的無法放手，也不會執著於帳面上的虧損而無法釋懷。

產業與基本面的積累往往需要長期、有耐心的涵養培育。一如蘇東坡先生告訴我們的：廣博地閱覽群書而擇其精要。「博觀」好比到各地旅行，見識各式各樣的風土人情、山川文物，可以從不同的角度了解、分析人事物。就像醫生看過許多病例，因此對於各種疾病症狀了然於胸。閱讀量的累積能夠帶動質的提升，反映到投資這件事情來說，就是每日大量閱讀財經類報章雜誌、研究產業報告及財務報表等資訊，時間拉長必有小成。

書海遼闊、知識龐雜，投入其中的讀者能否將內容轉化為有用資訊與知識，甚至化知識為智慧，這部分要靠讀者自己領會。如何擇其精要，也就是具備篩選與識別精華糟粕的能力，知道「好的」、「有價值的」、「重要的」部分在哪裡。

引用大文豪胡適說過的話：「讀書不是那麼容易的一件事情，

不讀書，不能讀書！能讀書，才能多讀書！」作為註解。閱讀量大是成功的關鍵之一，多看多讀，把閱讀量累積夠了，假以時日，自然能辨別與區分優劣，去其糟粕，能夠知道哪些報告是草草敷衍，哪些報告是出貨虛假，哪些報告是動見觀瞻，真知灼見，這就是「約取」。

　　「博觀而約取」道理簡單，執行也不難，重點在堅持，這有助投資人提高識見，以大格局掌握大方向，讓投資人真正受益。「厚積而薄發」是說，產業知識的厚植，個股基本面的了解是長期積累，一點一滴、一磚一瓦堆起來的，沒有速成途徑。不要急於求表現、急功好利，好整以暇，蓄積到一定程度再發揮、表現，自然能水到渠成，順勢發揮。「厚積而薄發」運用到投資上，就是我常常告誡大家的：產業研究在前，股票飆漲在後！所有的工作都發生在準備，奇蹟才會發生在完成！

　　在投資之路上，只要維持大量閱讀研究報告、產業報告，持之以恆地閱讀財經報紙與雜誌，去蕪存菁的功力就會增強，量大＋持續＋執行力＝贏家。正所謂「操千曲而後曉聲，觀千劍而後識器」，這段話出自劉勰的《文心雕龍・知音》；也就是說，會彈奏很多支樂曲之後才能懂得音樂，看過很多劍後才懂得如何識別劍器。

當然，學習與累積的過程中難免犯錯，但是犯錯、操作失敗、虧損愈早開始愈好，試問誰一開始走路不是跌跌撞撞的？很多人都還在犯錯、虧損、賠錢中痛苦，殊不知投資操作不如意之後的昇華、淨化、思考、成長才是重點，一如鳳凰涅槃，這才是未來騰飛的關鍵，也是必經的過程。

所以，選錯股、賣錯股、壓錯標的都是產業深度與個股掌握度不足的必經挫折，我也曾走過這樣的路，但是，千萬別忘了，投資是累積的行業，就算一天只進步 1%，滴水穿石，累積 1 年也有 37 倍成果很可觀。

試著讓自己成為一位勤學的投資人，博觀約取、厚積薄發，比方 NBA 球星艾倫（Ray Allen）長達 18 年的時間都是每天固定時間起床，提早 4 小時到球場，而且滴酒不沾，規律練習。他說：「你不是在比賽那一天贏得冠軍，而是在每天的練習中成為冠軍！」運用在投資上，你不是在盤中的時候成為贏錢的人，而是在每天的堅持學習當中成為贏家！

期許所有投資人在學習中犯錯、領悟、成長的正向循環裡不斷精進，我也正在勤學的路上堅持著，博觀而約取，厚積而薄發，共勉之！

產業隊長張捷語錄

1. 交易是一門科學，需要在不確定的走勢中梳理出一套嚴謹的交易邏輯。

2. 專業的投資人可以戰勝自己的人性，變得客觀且真實；業餘的投資人則是在情緒的世界裡放縱自己。

3. 比爾‧蓋茲（Bill Gates）19 歲創辦微軟（Microsoft）、肯德基爺爺 67 歲才賣炸雞，該準備時不要懶惰，也別讓人打亂你自己的節奏！等待正確的時機，你已經邁向自己的成功。

"

"

國家圖書館出版品預行編目資料

產業隊長張捷致富術:瞄準5大錢景,挖掘趨勢飆股/張
捷著. -- 一版. -- 臺北市:Smart智富文化,城邦文化事
業股份有限公司,2023.03 面; 公分
ISBN 978-626-96933-3-7(平裝)

1.CST:股票投資 2.CST:投資技術 3.CST:投資分析

563.53   112002739

Smart 智富

產業隊長張捷致富術
瞄準5大錢景,挖掘趨勢飆股

作者	張 捷
採訪編輯	蔣榮玉

商周集團
執行長　郭奕伶
總經理　朱紀中

Smart 智富
社長　林正峰
總編輯　劉 萍
資深主任設計　張麗珍
封面設計　廖洲文
版面構成　林美玲、廖彥嘉

出版　Smart 智富
地址　104 台北市中山區民生東路二段 141 號 4 樓
網站　smart.businessweekly.com.tw
客戶服務專線　(02)2510-8888
客戶服務傳真　(02)2503-5868
發行　英屬蓋曼群島商家庭傳媒股份有限公司城邦分公司

製版印刷　科樂印刷事業股份有限公司
初版一刷　2023 年 3 月
初版三刷　2023 年 4 月
ISBN　978-626-96933-3-7